エリック・バーンの
TA組織論

リーダーを育てる心理学

安部朋子

西日本出版社

はじめに

「ＴＡ心理学に組織理論ってあるの？」と思いながら本書を手にし、この「はじめに」を読み始めている読者も多いかと思います。

ＴＡ心理学の創始者であるEric Berne博士は、1963年に"The Structure and Dynamics of Organizations and Groups"を出版しています。

その『Preface：序文』の冒頭には、次のような一文が記されています。

この本の著者（Eric Berne）の目的は、慢性的に病的な状態あるいは、苦しみ悩んでいるグループや組織をセラピー（治療）するためのシステマチックなフレームワーク*の提供である。

『病的な状態あるいは、苦しみ悩んでいる組織にセラピー』というEric Berneのおもしろい表現の仕方に私は興味を覚え、また医者であった彼の「患者を早く治す」という強い想いが込められているＴＡ心理学を、組織に応用しようという力強い意志を感じました。

ＴＡ組織理論を組織の健康診断チェック項目として使うと、健康・不健康が見えてきます。

うまくいっていない状況を発見し、そこからの脱却方法を誰もが理解、活用できるフレームワークとして提供する姿勢に、ＴＡの哲学（誰もがOK。誰もが考える能力をもつ。誰もが自分の運命を決め、その決定をいつでも変更することができる）を徹底して実践している彼の生き方を感じます。

ＴＡ教育研究所が5回シリーズで実施しているＴＡアドバンス・コースのカリキュラムの中で、ＴＡ組織理論の一部をお伝えしています。長年、受講者の方々から「興味がある」「もっと知りたい」というお言葉を頂いてきました。

　今回そのお声に応え、ＴＡアドバンス・コース内ではお伝えしきれないＴＡ組織理論の数々を1冊の本にまとめました。

　　第一章：ＴＡ組織理論の概要とバウンダリーの概念
　　第二章：組織のストラクチャー（構造）について分析・診断するＴＡ組織理論
　　第三章：組織のダイナミックス（機能）について分析・診断するＴＡ組織理論
　　第四章：ＴＡ組織理論を活用した身近な場面集

　本書は、バーンの1963年の著書を参考にしています。それから50年が経っていますが、充分に納得できる内容であると読者の皆さんも発見されると確信しています。と同時に、ＴＡ心理学では『エリック・バーンの考えからの発展、そして今』という考え方が存在し、ＴＡ心理学と他の心理学や理論等の融合から生まれる新たな考え方が常に試され、更新され続けています。ＴＡ組織理論も同様です。まさに、【今ここ】での問題解決のベストを選択する心理学だと私は思っています。

　本書の出版を迎えている今、この1冊の本ではお伝えしきれない中身があ

ることを認識しています。どうぞ、本書をお読みになって、更なるＴＡ心理学の奥深さに興味と関心を刺激された方は、是非、ワークショップを受講してください。そして一緒に考え、発展を体験する時間をもちませんか？　お待ちしています。

あべともこ（安部朋子）

2014年7月

＊フレームワークとは、問題の発見や解決、改善策などを考える時に役立つ分析ツールをさしたり、思考が論理的かつ客観的になるために役立つツールをさします。フレームワークを理解し、考える手順のチェックリストとして利用すると、大きな視点を見失うことなく、効率よく「今ここ」での現状分析や、そこでの問題発見や解決策を考えることができます。

ＴＡ教育研究所関連のＴＡセミナー

ＴＡ101：ＴＡ心理学の入門コース
ＴＡアドバンス・コース：ＴＡ101 の復習プラス、その他のＴＡ理論
（『ギスギスした人間関係をまーるくする心理学2』の内容）
ＴＡアドアド・コース：各理論を深め、プレゼン能力を高めるコース
ＴＡ組織理論：ＴＡ組織理論の紹介と応用を学ぶコース
　　　（詳細は、ホームページ http://www.ta-education.jp/　参照）

Contents

はじめに ·· 2

1章　ＴＡ組織理論と組織診断 ································ 10
- ＴＡ組織理論　10
- 組織を見極める3つの視点　11
- 「組織」と「グループ」の定義　13
- グループ・ストラクチャーとグループ・ダイナミックスによる組織診断法　13
- バウンダリー（境界線・Boundary）　16

2章　組織の仕組みを分析・診断する「グループ・ストラクチャー」(Group Structure) ············ 28
- ① 組織構造（Organizational Structure）　28
- ② 個人構造（Individual Structure）　39
- ③ 権威者ダイヤグラム（組織図・Authority Diagram）　42
- ④ グループ・イマーゴ（Group Imago）　49
- 4段階のグループ・イマーゴ・アジャストメント（The four stages of Group Imago Adjustment）　52
- グループ・イマーゴの活用例　58

3章 組織の機能を分析・診断する「グループ・ダイナミックス」(Group Dynamics) ……… 63

- ●グループ・ダイナミックス4つの概念　63
- **1** グループ・プロセス (Group Process)　66
- ●ある瞬間のグループの結束力　73
- **2** リーダーシップ (Leadership)　82
- **3** 組織文化 (Organizational Culture)　97
- **4** コントラクト (契約・Contract)　114
- ●クラウド・スタイナーのコントラクト締結時の4つの必要条件　114
- ●ビジネス・コントラクト (契約)　116
- ●コントラクトの重要性　117
- ●契約的方法または、コントラクチュアル・メソッド（Contractual Method）　120
- ●オープン・コミュニケーション (Open Communication)　121
- ●3コーナード・コントラクト (Three Cornered Contract)　121
- ●4コーナード・コントラクト (Four Cornered Contract)　126
- ●コントラクトに必要なもの　129
- **+** グループの4つのタイプ (Four Types of Groups)　129

4章　ＴＡ組織理論の活用場面集 ……………………………… 133

● 各場面の読み方

- 場面1　就職活動を始めた息子に上手なアドバイスをするには？
- 場面2　起業したい妻にアドバイスをしたら相談役に!?
- 場面3　結婚披露宴の受付を友達に頼む時
- 場面4　披露宴の席決め。誰がどこに座るかは重要課題！
- 場面5　子どもに自転車の乗り方を上手に教えるには？
- 場面6　結婚してビックリ！　そんなやり方、考え方があるの!?
- 場面7　結婚契約書を作るカップルをＴＡ理論で分析！
- 場面8　組織を運営する時はＴＡ理論をフル活用してみよう

● 個人のコントラクト

- 場面9　「ちょっと覗きに来ました」事件をＴＡ理論で解説
- 場面10　駅前に並ぶいろいろな塾
- 場面11　ご近所付き合い（in 大阪）にバウンダリーを当てはめる
- 場面12　個人事務所が組織へ成長する時
- 場面13　クラス運営をＴＡ理論で考える
- 場面14　経営者の集いで自分の会社を診断することに…
- 場面15　進路相談。親のOKをもらうには？
- 場面16　初めてパソコン教室に通うことに…
- 場面17　コンサートはなぜ、なじみの曲から始める？
- 場面18　サプライズ・パーティは事前グループ・イマーゴ無し!?
- 場面19　ご近所からの冷たい視線が気になる時は？

場面20	「ちょっと話を聞いてくれませんか？」といつも聞き役に
場面21	レジ前に長蛇の列！ なのに事務所の奥から話し声が…
場面22	自治会の夏祭り準備委員会でのモヤモヤをTAで解決
場面23	教える、育てる現場に必要な環境づくりとは？
場面24	ある会社が経営陣を刷新しました
場面25	オーナーのスクリプトがお店のスタイルを作る
場面26	塾の生徒と先生のコントラクティング
	うまくいった例とうまくいかない例

付録 TA心理学きほんのき ……………………………………185

TA心理学とは 185 ／グランド・ルール 185 ／TAの哲学（TAの基本的考え）186 ／自律性 186 ／自我状態構造モデル 187 ／自我状態機能モデル 187 ／自我状態の4つの識別方法 188 ／エゴグラム 188 ／やりとり分析 189 ／ストローク 192 ／人生の立場 193 ／OK牧場 194 ／ラケット感情 195 ／ゲーム（本書では「心理的ゲーム」と表現しています）195 ／時間の構造化 196 ／スクリプト（人生脚本）197 ／スクリプト・マトリックス 198 ／ドライバー 199 ／5つの許可するもの 200

あとがき ……………………………………………………………201

参考文献 ……………………………………………………………204

エリック・バーンの
ＴＡ組織論
リーダーを育てる心理学

鈴木さんを紹介します。

本書では鈴木勉（28才・独身）さんが登場します。鈴木さんは西日本商事第一営業課に勤めて5年目です。社内・訪問先での出来事や心理状態を、ＴＡ組織理論を使ってひも解いていきます。

鈴木です

- 【 】は、ＴＡで使われる用語です。
- 自我状態ＰＡＣは、(P)(A)(C)と表記しています。
- ひとつの事例を異なる理論で見るために、似た事例を採用しています。

1章　TA組織理論と組織診断

●TA組織理論

　エリック・バーンは、組織にも私達個人と同様に、TA理論を使って考察することを提案しています。組織に自我状態理論を当てはめたり、エゴグラムやスクリプト（人生脚本）から組織を考察することができます。

　それらなじみのあるTA理論に加えて本著では、組織の仕組みや働きを明確にする目的でまとめられたTA組織理論をお伝えします。普段使っている簡潔な言葉で組織の状態を説明することができます。

　組織の構造（仕組み）や組織の機能（ダイナミックス）を図式化することで、問題点を明確にし、その問題を軽減・回避し、解決のための具体的な計画や改善策を考える時に役立ちます。

　このように、**組織を人と同様に構造と機能の視点から検証・診断するツールが【TA組織理論】**です。

　TA組織理論には、次の特徴があります。
①幅広いシーンで活用できる
　個人事務所や、コンサルタントなどが関わる多数の小さなグループ（部署や課のような小さな集団）から成る企業、教育現場、医療現場、小さな商店、PTAや地域の集まりといった私達の周りにある小さなグループや家庭など、何らか

の目的をもって複数の人達が集まった状況の診断や分析などに活用できます。

②組織の構造(仕組み)を客観的に見ることができる

組織内の小さなグループをはじめ、組織がどのような仕組みで成り立っているのかをダイヤグラム(図式)で視覚化し考察できます。

③組織の機能(働き)を客観的に見ることができる

組織がどう機能しているかをダイヤグラムで示すことができます。

④問題点の再発防止や修正・改善をすることができる

読者の皆さんそれぞれが関係している職場や家庭、学校など、人が集まり相互に関係をもちながら動いている集団の仕組みを知り、うまく機能している点、そうではない点を、ＴＡ組織理論を含むＴＡ理論を通して説明することができます。

うまく機能している仕組みや働きかけ、行為を積極的に維持したり、さらによくするための改善策を考えることができます。また、それを別の機会に再現したり、次世代への教育・継承にも役立ちます。

ＴＡ組織理論も理解しやすく、日常での幅広い活用・応用を期待できます。

●組織を見極める３つの視点

会社の各部署から集められた人達が参加する研修、あるいは公開講座、ボランティアメンバーが初めて集まった時など、知らない人同士の集まりや不慣れな状況に置かれた時、私達がまず気にするのは、「どの方が講師?」「誰がこの場のリーダー?」「私の役割は何?」「隣はどんな人?」といった、その場に

おける役割やポジション（位置／立場）のようです。同時に、「ここは何をするところ？」「何を目的としている？」などが気になります。

　人の集まり（組織）の中ではそこでの目的やゴールと、その中で誰が何をするかが、とても重要な事柄になります。同時に、存続できる**成果**を出しているかも重要です。

　自分が属する組織で、ある時ふと気づくと「AさんからもBさんからも仕事の指示が下りてきている！」という経験をした人は多いと思います。
　Aさん、Bさんの2人の指示が微妙に異なり、どちらの指示を優先すべきなのか、その基準が不明瞭だと混乱を招き、思う成果が出せず、仕事や人間関係に影響が出ます。結果、組織はうまく機能しません。
　エリック・バーンは、「組織の成長・成功あるいは、崩壊を見極めるには3つの視点がある」と言っています。

- **生産性** ……………… 成果／結果が、生み出されているかどうかを見る
- **組織の仕組み** ……… 明瞭に区別されたグループや組織の存在と、必要なところに必要な人材が配属されているかどうかを見る
- **人間関係** …………… 人の働き／動きが、その場で機能しているかどうかを見る

　これら3つの視点を考察するために、TA組織理論を活用します。
　皆さんの身近な組織に、ぜひTA心理学を活用してみてください。

●「組織」と「グループ」の定義

　組織とグループ、それぞれを定義します。本書執筆にあたり参考にした書籍 (Berne, E., The Structure and Dynamics of Organizations and Groups. 1963) は、2人以上の小集団を「グループ」、いくつかのグループが集まったものを「組織」と表現しています。そこで本書でも、**なんらかの目的や目標をもった人が、2人以上集まった集団を「グループ」**と呼ぶことにします。グループは、家庭という一番小さな集団や仲良しグループなども含みます。

　また、**個人数人の集まりでそれぞれの役割等が発生した場合や、複数のグループの集合体でできている会社等**を「組織」と呼ぶことにします。

●グループ・ストラクチャーとグループ・ダイナミックスによる組織診断法

　エリック・バーンはグループや組織を、構造（Structure）と機能（Dynamics）に分けて診断する方法を考えました。

> ・**構造（Structure）**……… 組織の大枠の仕組みや体系と、それらの中の仕組みがどのようになっているのか、何があるのか中身を見ます。
> ・**機能（Dynamics）**……… 組織がどのような動きや働きをしているのかを見ます。（外部との関係性や内部間での関係性）

　組織の重要な目的のひとつは、**その存続にある**とバーンは述べています。
　組織の存続を追求するために、バーンは組織診断を【**グループ・ストラクチャー**】と【**グループ・ダイナミックス**】から考察する概念に進展させました。

本書で紹介する理論の《チャート》

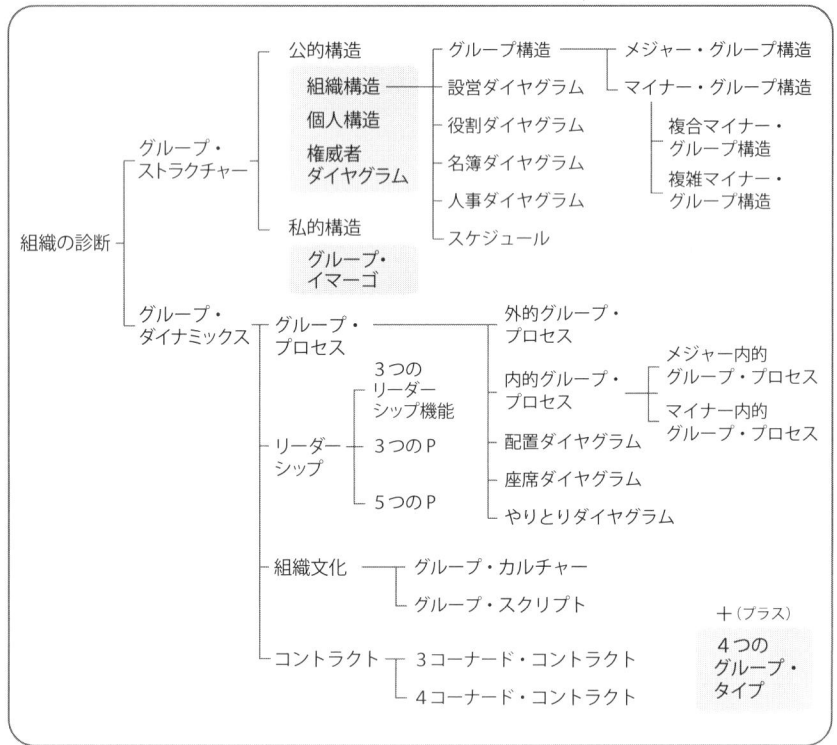

①グループ・ストラクチャー

　グループ・ストラクチャーは、【公的構造】と【私的構造】からなります。公的構造には、【組織構造】【個人構造】【権威者ダイヤグラム】などがあります。

　組織構造は、既に視覚化されているもの（周知）も多く、一般の人達も見ることが可能な情報が多いです。個人構造や権威者ダイヤグラムは、周知の部分とその場の関係者個人の見地から組織を描いたものが含まれます。

　私的構造を【グループ・イマーゴ】といい、その場に関係する一人ひとりの個人的ニーズ、経験、希望や期待感で作り上げられるイメージをさします。

②グループ・ダイナミックス

　グループ・ダイナミックスは、【グループ・プロセス】【リーダーシップ】【組織文化】【コントラクト】からなります。組織全体並びに、各部分の働きや組織に関係する内外部の人達が相互に連関し合って作りだしている固有な役割、ポジション、働き、関わりを見ていきます。

(例)組織が立ち上がるプロセスにＴＡ組織理論を当てはめてみました。私の体験を交えてお伝えしましょう。
　2013年8月に私が所属するITAA（国際TA協会）の国際大会が、日本で初めて大阪で1週間ほど開催されました。
　世界25カ国からＴＡの実践家や心理学に興味のある人達が集まり、参加者650名にボランティアやスタッフを合わせると800名以上が関わった大きな大会でした。その大会主催者委員会に私も携わりました。
　「2013年の国際大会は、日本で開催！」と決定した瞬間に新しい組織作りが始まりました。
　早速、委員長と副委員長の2人が**「大会を実施する」という目的をもったグループを作る**ために動き出しました。そして、その目的を遂行するために**必要な人数は何人か、誰に声をかけるか、役割やスケジュール**などを考えました。この時、できつつあるグループの枠組みをTAでは【**グループ構造**】という概念で説明します。また、組織を円滑に運営するために必要な要素として、【**役割ダイヤグラム】【名簿ダイヤグラム】【人事ダイヤグラム】【スケジュール】【設営ダイヤグラム】【権威者ダイヤグラム**】などがあります。
　これらを明確にし、組織内で共有することで、組織は動き出します。
　大会準備中は、ＴＡ組織理論を含むＴＡ理論の活用でストレスの軽減、問題を回避／解決するための具体策の提言等をとても効果的に進めることができました。

●バウンダリー（境界線）
Boundary

　はじめに、【バウンダリー（境界線）】についてお話しします。バウンダリーとは、**ひとつのグループや組織を「他」（のグループや組織）から区別する概念**です。じつは、この「他」から区別することがとても重要なのです。なぜ、重要なのか、鈴木さんと一緒にバウンダリーについて深めていきましょう。

鈴木さんの発見！　子どもの頃にバウンダリーの重要性を知っていた！？

鈴木さん　先生、バウンダリーって、何ですか？

ともこ先生　例を使って説明しましょう。鈴木さんは、幼い頃に「かくれんぼ」をしたことはありますか？

鈴木さん　あります！

ともこ先生　その時のことを少し思い出してください。

鈴木さん　はい。近所の友達が集まる公園で、缶蹴りとか、かくれんぼをしました！

ともこ先生　そうそう、まずは仲よしが集まって「何して遊ぶ？」から始まり、「かくれんぼをしよう！」ということになりましたね。そこから改めて「かくれんぼする者、寄っといで〜」とかくれんぼを一緒にする仲間を確認しましたよね。この瞬間にひとつの目的をもった『グループ』ができたのね。

鈴木さん　なるほど〜！

ともこ先生　例えば、「勝君と、久美子ちゃんと、やまちゃんと、あきら君と勉君の5人のグループ」のできあがりです。そして、その中の誰かお兄ちゃん的な子がリーダーという役割を担い、「じゃあ、隠れる場所は、この公園の柵の中だけ」と、逃げ隠れする場所の範囲を決めましたよね。

鈴木さん　公園の中だけとか、家の中だと1階だけで2階は行っちゃダ

メとか、おじいちゃんの部屋はダメとか、最初に決めました。

ともこ先生 それが、バウンダリーという概念を日常で使ってうまくいった例なのよ！

鈴木さん え〜〜〜！ 僕達が子どもの頃すでにバウンダリーの理論を活用して遊んでいたなんて！ 驚きです！

ともこ先生 そうなのよ。ＴＡは、普段の私達の生活のあらゆるシーンに活用できるツールなのよ。バウンダリーは、テリトリー（領域）をはっきりさせる「境界線」のことなのね。

バウンダリーの概念はいろいろな場面で使えるから、習得しておくと便利ですよ。例えば、２人の人間関係が何かのひと言で崩れている時があるわね。そういう時こそ、それぞれのバウンダリーを意識すると解決しやすいですよ。

鈴木さん そうなのか。ＴＡ組織理論が、身近に感じられます！

あなたの身近にある「バウンダリー（境界線）」を探してみましょう。

（解答例）
会社の社長のお母さんが、会社のメンバーではないのに、バウンダリーを越えて事務所で指示を出すケースなど。（うまくいかない例）

バウンダリーの概念に慣れてきましたか？ バウンダリーには、**【外的境界線】**と**【内的境界線】**があります。話をさらに進めましょう。

● 外的境界線 (External Boundary)

外的境界線とは、**ひとつのグループや組織を「外部」から明白に区別する考え方**です。

シンプルな例として、研修が開かれる場面を想定してみましょう。

その研修を「受講する人」と「受講しない人」を分けるのが、外的境界線です（図1-1）。【境界線の一貫性欠如】や【境界線の不鮮明】等によって、この研修を受講する人と受講しない人が混在すると、研修がうまく成り立たない、あるいは研修グループが崩壊するきっかけになります。

「受講する人」と「受講しない人」という外的境界線の設定とそれを守ることによって、研修グループがうまく機能する条件が整います。

外的境界線は、家族に始まり、学校などの教育現場、企業、店舗、ゲームセンターといったエンターテイメント等、**人が集まっているところであれば、何らかのバウンダリー（境界線）があります。**

身近なところでは、気の合う人達が集まる仲良しグループでも、暗黙の了解としてバウンダリーが存在し、そのバウンダリーが結構厳しい場合があります。また、自由に参加できる町内の祭りなど、外的境界線がほとんど定められていないケースもあります。

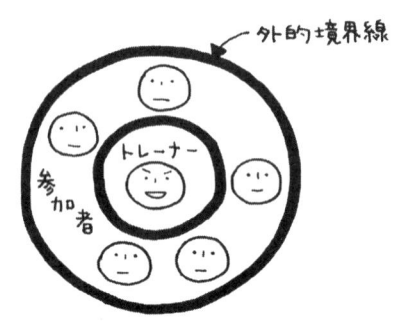

図1-1　外的境界線のダイヤグラム
※ダイヤグラムの中の顔のイラストは、理解しやすくするために描き込んであります。通常のダイヤグラムにはありません。

1章　TA組織理論と組織診断

コーチングが「うまくいくパターン」と「うまくいかないパターン」を、図式化してみましょう。

（解答例）

うまくいくパターン：コーチとクライアントそれぞれの役割が明確。

コーチとクライアントはそれぞれのバウンダリーをもって、関わり合っています。

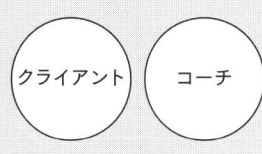

コーチの役割は、クライアントのゴール達成のサポートで、クライアントの役割は、自分のゴールを明確にし達成することです。

うまくいかないパターン1：上司という立場と同時に、部下のコーチも兼ねる。

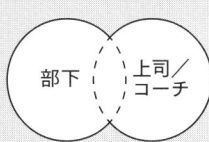

上司がコーチを兼ねると、部下が上司とコーチの区別をつけにくく、上司もまた自分の役割の区別がつけにくくなります。結果、バウンダリーが不鮮明になり混乱が生じやすくなります。

うまくいかないパターン2：コーチがクライアントの領域に入り込んでいる。

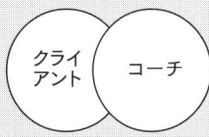

コーチとクライアントのバウンダリーが重なり合うと、クライアントが考えて行動すべき領域にコーチが入り込み実際にクライアントの代わりに動いてしまうような例です。

● 外的機構要素（External Apparatus）

　外的境界線を設定する際に、内部と外部を分けた要素のことを【外的機構要素】といいます。研修でいうと、受講資格、受講費用、会場の情報や、運営をスムーズに進めるために必要な情報（日程／期間、諸条件、システムなど）になります。

　「境界線の一貫性欠如」や「境界線の不鮮明」の場合は、外的境界線（バウンダリー）が、内外部からの圧力で壊れることがあります。これを【バウンダリーの崩壊】といいます。
　例えば、「誰でも参加できます」と告知しながら暗に年齢制限をしていたために、内外から告発があって、そのグループの存続が揺らぐといった場合です。それを仲間はずれや差別といった言葉で表現する時もあります。
　組織を結成する時、外的機構要素を明確にすることは、それに直接関わる人達だけでなく周囲の不特定多数の人達を守るためにも、とても大切です。

　外的機構要素は、ひとつの組織を他と区別するための明文化された条件といえるでしょう。例えば、「会場」「部屋」「建物」に代表されるように、**外的境界線を物理的なもので設定する**ことも含みます。その建物や会場に入る人とそうではない人を分ける器の働きもあります。また、外的機構要素は、建物のデザインや経営戦略にも大きく関係します。

　ここで「外的境界線はどのような時に崩れるのか」さらに、「どうすれば回復できるのか」、3つの例を挙げてみましょう。

（例1）皆で盛り上がっている最中、新たに1人が加わった時
　楽しく会話をしているところに、新たに誰かが加わると、それまでの楽しい会

話がいったん途切れますね。これは、人が加わったことで外的境界線が一瞬にして崩れた状態といえます。

もとの楽しい会話ができるグループに戻るためには、そのグループの【外的機構要素】を再確認する必要があります。つまり、「こちらは、グループの○○さんが今日の集いにお誘いした人ですよ」というように、新たな人の情報を確認したり共有すると、外的境界線が回復し、会話が弾み出します。また、途中入社や部外者によるミーティングのオブザーバーなどでも同じような対応（外的機構要素の再確認）が必要です。

（例2）家に知らない人がいて「あれ、誰…？」という時

ある日、学校から帰ったら、見知らぬおじさんがソファに座っていた…。その瞬間、「このおじさん、誰!?」と、不安になりますね。

毎日「ただいま〜」と言って手を洗っているのに、そうしたいつもの行動をストップさせて、まず、**その人の情報を集めて取るべき対応策を見つけようとします。**

その結果、その人がお父さんの知り合いとわかれば、安心して通常の生活に戻ることができます。もし、安心できる情報（共有できる外的機構要素）が得られないと、家族は不安定さを経験し続けます。

（例3）有資格者の中に「え！　資格をもってないの!?」という時

医師や美容師など国家資格や特殊なライセンスが求められる職場に、資格のない人が入っていたら、組織内外から指摘やクレームが発生して、それをきっかけに組織の結束力が弱まり、組織が崩壊する可能性が生まれます。組織存続のための必須の外的機構要素を確認しましょう。

小さな組織やグループだと、外的境界線の崩れを早期に知ることが可能な

ので問題は早いうちに解決できることが多いです。

　しかし、大きな組織になると、外的境界線が崩れていることを組織全体あるいは関係者で、認識、共有するのに時間がかかり、問題の発見や対応が遅れることがあります。結果、組織の不安定な状態が続いたり、そこから新たな問題が派生したり、組織の結束が弱まり、問題が大きくなることもあります。

　それだけに外的機構要素が明確で、共有化できるシステムをもった組織は、安定を維持でき、発展しやすいといえるでしょう。鈴木さんと一緒に考えてみましょう。

鈴木さんの発見！　身近なところに外的機構要素を発見！

鈴木さん　最近、小売店のセキュリティシステムが充実していますよね。入口にゲートがあったり、防犯カメラがあったり。この場合、万引き防止のためのセキュリティゲートは、お客様とそうではない人をしっかり分ける働きをしているんですね。

ともこ先生　そう。外的境界線を強化しているわけです。ゲートだけではないですよ。貴金属店のような高級品を扱うお店では入り口に怖そうなガードマンが立っているでしょ。

鈴木さん　なるほど〜。外的境界線にお店（組織）の特徴が出てますね！

ともこ先生　セキュリティがしっかりしているところは、ある種、外的機構要素が明瞭、かつ崩れにくいといえますね。建物の中に入るためのセキュリティのチェック条件は、外的機構要素そのものといえるでしょう。

● 内的境界線（Internal Boundary）
【内的境界線】は組織内部の区別をつける境界線で、右のダイヤグラムでいうと、トレーナーと参加者の違いを示す線が内的境界線といえます。

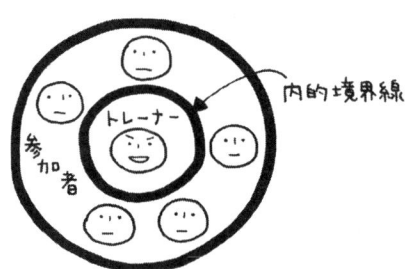

図1-2　内的境界線のダイヤグラム
※ダイヤグラムの中の顔のイラストは、理解しやすくするために描き込んであります。通常のダイヤグラムにはありません。

内的境界線が不明瞭だと、研修の内容や進行に問題が生じます。例えば、トレーナーが受付の仕事をしたり、参加者が講師の役割の一部を担ったりと、めまぐるしく役割の変更があると、内的境界線が存在しない、あるいは不明瞭になるので、トレーナー本来の機能を失ったり、参加者側に不安や不満が生じたりして、不信感を与えることになりかねません。もちろん、これらを知ったうえで、講師が内的境界線をはずすこともあります。

組織内の役職・職務・職域の明確化は、内的境界線を表す代表例です。これら内的境界線が不明瞭だと不平不満、葛藤等から問題や心理的ゲーム（例：内部紛争）に進展することがあります。

うまく解決しない場合、その組織の衰退化につながる可能性もあります。

● 内的機構要素（Internal Apparatus）
【内的機構要素】は、組織内部に存在する小グループを他と区別するための明文化された条件をさします。

内的機構要素は、各小グループ特有の働きや役割を明確にしたもので、組織内部やグループ内の人達の活動や経験によって、各グループの違いがより鮮明になります。

組織ができあがったばかりの頃は、組織全体としても、またひとつの部署（グループ）としてもアイデンティティは鮮明ではない場合も多いのですが、仕事を進めていく中で、徐々にそれぞれの部署の個性や特異性が発揮され、際立ってきます。結果、その組織やグループのアイデンティティや『らしさ』というものを作り上げ、それらの違いを明文化したものが内的機構要素といえます。

内的機構要素は、仕事の進め方や言葉づかいに始まり、様々な行動規範や服装（ユニフォーム）等にまで及ぶこともあります。組織内のメンバーが統一した情報を共有することで、そのグループや組織のアイデンティティはより鮮明になり、内部の充実と外部にアピールする手段にもなり、内外部からの様々な圧力に耐える力を強めます。

> **例えば**
>
> 研修を例に、内的機構要素を考えてみましょう。
> - 講師の立つ位置、参加者の座る位置は、内的機構要素です。講師が意図しない限り、講師の立つ位置、座る位置は設定されていることが多く、それによって参加者の学習効果を上げたり、講師の効力を強化することができます。
>
> - 会場の窓や出入り口、ホワイトボードの位置なども、組織内の内的境界線を確立させる内的機構要素で、研修や仕事の効率を測るポイントとしてとても重要です。

内的機構要素は、①組織内部の役割や立場、②組織内のエチケット（立ち居振る舞い等）以外に、③物理的な境界の確立と維持、④組織内で決められた約束事、⑤組織や個人の必需品・備品の配置・設営に関することも含み

ます。その組織の文化／カルチャー（組織文化：97ページ）を作りだす要素ともいえます。

● **エチケットやルール**（100ページ参照）
　その組織内で定められている「こうあるべき」「存在意義」「優先順位」を、【エチケット】、もしくは【ルール】といい、その組織文化を作りだす大きな要(かなめ)です。
　エチケットやルールは、ペアレント（P）に当たる組織内部の行動基準であるため、組織を維持するために必要であると同時に、その組織内の既存のエチケットやルールへの不平不満、葛藤なども生まれやすく、問題や心理的ゲームに発展することもあります。

　例えば、ある私立の学校の校則はまさしく、その学校関係者内で保持されたいエチケットやルールです。あまりにも現状にそぐわない項目に関しては、学生あるいは、保護者や職員から反発が起こったりします。
　また、家庭内にもその家族特有のエチケットやルールがあり、その決まり事に対して、子ども達だけでなく、大人からも不平・不満が出る場合があります。不平・不満が出てくるたびに、討議・交渉を経て、アイデンティティは維持・更新され、共有化されます。そして、その組織の結束力が高まることは想像できます。
　反対に、アイデンティティの共有化が薄まると、その組織は崩壊することがあります。

研修を例に、外的機構要素・内的機構要素に当たるものを考えてみましょう。

(解答例)

☐ **外的境界線を設定するための外的機構要素**
- どのような内容の研修になるのか(初級、中級、上級、その他)
- どのような人が対象か
- 会場のロケーション
- 受講費用
- 受講資格(申し込み/入金を期日までに完了できる人達など)

☐ **そのグループを外部と分けるための物理的な外的機構要素(会場手配)**
- 外部からの影響(騒音、悪臭など)を遮断
- 外部の環境(採光、見晴らし、空気、自然、交通の便など)
- 外部からの侵入者の遮断
- 内部の音がもれない
- 生活環境(トイレ、休憩スペース、食事など)の場所

☐ **内的境界線を設定するための内的機構要素**
- どのような資格をもった講師(陣)かなどの基準を設定する
- 研修内のルール

☐ **研修の機能を充実するための内的機構要素(備品の準備)**
- 椅子、机、ホワイトボード他の準備

このように組織にバウンダリーの考え方を当てはめると、ダイヤグラムを描くことができ、「今の状態」を視覚化できます。組織をダイヤグラム化するには、外的境界線や内的境界線並びに、外的機構要素、内的機構要素を左のワークの解答例のように、ひとつずつ言葉にしてみるところからスタートします。明瞭な点、不明瞭な点が見えてくるでしょう。

2章 組織の仕組みを分析・診断する「グループ・ストラクチャー」
(Group Structure)

　【グループ・ストラクチャー】とは、**組織の仕組みや枠組みと中身を分析・診断する概念**で、組織が正常に存続するかどうかを検証するツールとして活用できます。グループ・ストラクチャーが破壊していたり、どこか一部でも壊れていたり、不安定あるいは不鮮明だと、その組織は衰弱化し、組織の存続は厳しくなります。

　グループ・ストラクチャーは、【公的構造】と【私的構造】の2つの概念に分けられます。

　公的構造は、❶組織構造、❷個人構造、❸権威者ダイヤグラム（組織図）からなります（14ページのチャートをご参照ください）。また、私的構造には、❹グループ・イマーゴがあります。それでは、組織構造から詳しく見ていきましょう。

❶ 組織構造
Organizational Structure

　【組織構造】は、組織そのものを図式化し、理解・分析する概念で、次の6つから成ります。

1）グループ構造
- 【メジャー・グループ構造】
組織そのものや、誰がリーダーなのか、誰がメンバーなのかを図式化したものです。それらを区別する要素を外的機構要素、内的機構要素で説明します。これらの要素を明確にすることで、組織の事業内容・性格・特徴などを確認したり、リーダーとメンバーの職務・職域・職能などを客観視することができます。
- 【マイナー・グループ構造】
組織内の仕組みを図式化したもので、【複合グループ構造】と【複雑グループ構造】の2つがあります。これらの理論を使って、リーダーとメンバーの位置関係や関わり方等を検証することができます。

2）設営ダイヤグラム
組織を運営するうえで、どのようにすれば効果が高められるか、備品や準備物を含む設備やオフィス内のレイアウト、動線等について考える概念です。

3）役割ダイヤグラム
組織に必要な役割、能力・スキル・経験等と、その地位や人数等を示す概念です。

4）名簿ダイヤグラム
組織に関係している人達全員の名簿（名前と住所）をさします。

5）人事ダイヤグラム
役割ダイヤグラムに名簿が合体したもので、文字通り、人事に関するダイヤグラムです。

6）スケジュール
日程の他、関係者、課題、内容等を含んだ計画表をさします。

組織構造の中のグループ構造から見ていきます。ダイヤグラムを使って、組織がどのような仕組みになっているのかを学びましょう。

1) グループ構造

グループ構造には、①**メジャー・グループ構造**、②**マイナー・グループ構造**があります。この2つのグループ構造について、説明していきましょう。

①メジャー・グループ構造（Major Group Structure）

メジャー・グループ構造は、図2-1や図2-2のようなダイヤグラムで表します。外的境界線で組織の枠組みを明確にして他と区別し、内的境界線で組織内のシンプルな仕組みを示しています。

下のダイヤグラムでは**組織内のメンバーを、組織外の人々と分ける外的境界線（External Boundary）**と、**組織内のリーダーあるいは管理者と、その他の人々を分ける内的境界線（Internal Boundary）**で表しています。一番シンプルなメジャー・グループ構造は一重の円で表わされます。（図2-1）

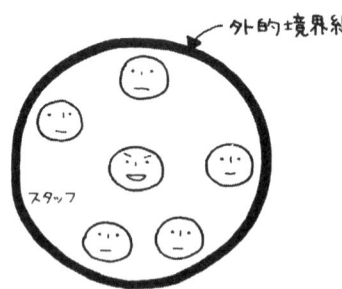

図2-1　メジャー・グループ構造の
　　　　ダイヤグラム（あるグループ）

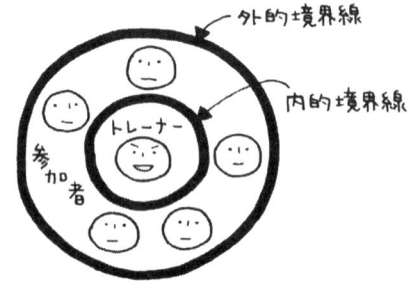

図2-2　メジャー・グループ構造の
　　　　ダイヤグラム（ある組織）

※ダイヤグラムの中の顔のイラストは、理解しやすくするために描き込んであります。通常のダイヤグラムにはありません。

②マイナー・グループ構造（Minor Group Structure）

マイナー・グループ構造のダイヤグラムでは、外的境界線はメジャー・グループ構造と同じですが、内的境界線で組織内の役割やポジションの違いをより詳しく示しています。

リーダーの数やグループの働きによって異なる【複合グループ構造】と【複雑グループ構造】という2つのダイヤグラムがあります。

●複合グループ構造（Compound Group Structure）

図2-3のように、**リーダー（本社社長）を中央に置き、そのリーダーを取り囲むようにいくつかのメンバーが存在する仕組み**をいいます。

この場合、リーダーに一番近い人が、そのリーダーへの関わりが濃く、リーダーから遠ざかるほど、実際のグループの中でも関わりは少ない存在となることを示します。

（例1）「社長は入社式の挨拶で見た後、あまり見かけない」という会社

図2-3は、作業従事者から社長が遠い会社のダイヤグラムです。このような組織は、複合グループ構造の組織と呼ばれ、現場の声がトップに届きにくい組織といえるでしょう。

実線ははっきりとした役割の違いを示し、破線はひとつの役割の中での分化を示します。このダイヤグラムから、企画室が社長に一番近い位置にあり、生産部門は社長の位置から遠いことが視覚化され、認識できます。

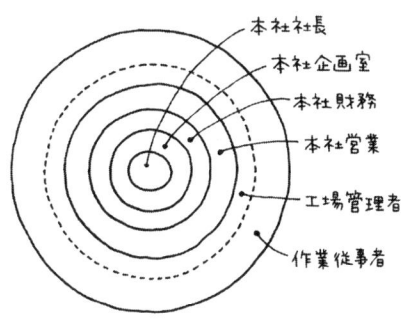

図2-3
複合グループ構造のダイヤグラム

> 複合グループ構造の組織では、社内の配置ダイヤグラムも上司と部下の部屋が分かれているとか、高いパーティションでそれぞれが仕切られていたり、隔離されているかもしれませんね。

● **複雑グループ構造（Complex Group Structure）**

図2-4のようなダイヤグラムで示されます。リーダー達（社長・企画室）が現場に近い存在の組織を表すダイヤグラムといえるでしょう。組織の中の小グループがそれぞれ互いに何かしらの関わり・接触をもっている組織のように見ることができます。

（例2）「社長が財務と営業の会議によく出る」という会社

社長は財務と営業部門に近く、企画室は社長と同様の位置にいながら、生産部門と営業部門に影響力をもつように表されています。

リーダーが中心にいて数人のサブリーダーのもとに多くの人達が目標に向

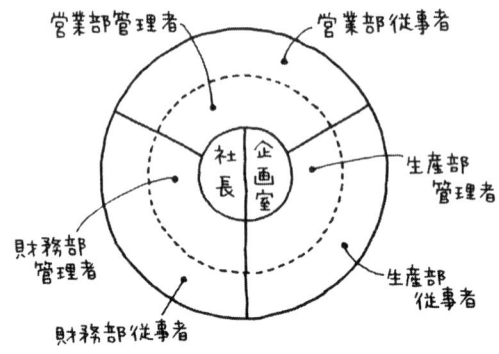

図2-4　複雑グループ構造のダイヤグラム
実線は明瞭な区分、破線は実線よりゆるい区分を表わします。

かって機能している組織も、複雑グループ構造として描くことができるでしょう。

会社の中で数人からヒアリングすると自分達の会社がどのようなグループ構造かが見えてくるでしょう。結果的に、複合グループ構造と複雑グループ構造の2つのグループ構造が描けることもあります。それがインタビューに応えた人達から見た見地です。
さあ！　そこからどうしますか？　あなたの会社は、どんなグループ構造の組織を目指しているのでしょうか？

2）設営ダイヤグラム（Location Diagram）

設営ダイヤグラムとは、**組織の結束力を高めるための備品の準備や配置、それらを維持するためのダイヤグラム**です。次は、研修の場合の事例です。

- **備品の配置**

  机・椅子・ホワイトボード・コート掛け・荷物置き場・ロッカー・時計等の準備と配置。例えば、これらがまとまりなく配置されていたり、必要なものが揃っていないと、研修の内容が十分に発揮できない場合があります。

- **それら備品の配置の内的境界線の維持**

  椅子を動かさない、移動させたものを元に戻す、整理整頓などは、内的境界線の維持を意味しています。
  場合によっては、あえて椅子などの位置を変えることは意図的に行われることがあります。自分専用の机をもたずに、毎日異なる場所で仕事をするオフィスや座る場所を変える組織もあります。

鈴木さんの発見！ これまでの理論を使ってみよう！

鈴木さん お取引先様が多く集まる会議で、学んだツールを使ってみようと思います。

①外的機構要素は、ご案内メールを見直す時に使おう。(20ページ参照)

②内的機構要素は、会場を設営する時の確認に使えるなあ。(24ページ参照)

③設営ダイヤグラムを描いて、出席者の座る位置を従来と変えると、議論が弾むかも！

ともこ先生 いいですね！ 鈴木さんのように学習したＴＡ理論をアウトプットすることで、使い方が上手になるわね。その調子！

3）役割ダイヤグラム（Manning Table）

役割ダイヤグラムとは、**その組織を運営するために必要なすべての役割と、その名称や配属人数を示すダイヤグラム**をさします。

例えば

町内会のイベント開催のための役割ダイヤグラムを考えてみましょう

リーダー	1名	(本イベントの責任者)
副リーダー	1名	(リーダーの補佐)
事務局	1名	(届け出他、事務的管理)
財務委員長	1名	(予算管理と出納)
企画・実行委員長	1名	(準備及び、当日の実行リーダー)
サポーター	20名	(準備段階のお手伝い)
ボランティア	30名	(当日のお手伝い)

> **例えば**
>
> 町の居酒屋「のんべぇ」の役割ダイヤグラムを考えてみましょう
>
> | | | |
> |---|---|---|
> | オーナー兼店長 | 1名 | （オーナー） |
> | 副店長 | 1名 | （オーナーの奥さん） |
> | キッチン・リーダー | 1名 | （正社員でオーナーが不在でも仕切れる人） |
> | 厨房（バイト） | 2名 | （キッチン・リーダーの指示で動く） |
> | フロアー（バイト） | 3名 | （シフト制、週〇〇時間以上働く） |

　役割ダイヤグラムを明記することで、その組織に最低必要な役割と、それを満たす人員をどう配属するかが視覚化できます。その情報が、組織の存続にとても重要であることはおわかりいただけると思います。**必要な役割と、その名称と配属の人数などが、組織を存続・成長させる重要なポイント**です。

　組織にとって、**定期的あるいは必要に応じて役割ダイヤグラムを見直す**ことが大切です。不必要な役割や名称、人員配属があれば、Re-Structure（再構造化）が必要です。

　日本ではリストラと呼ばれる再構造化は、「首切り」と受け止められることが多いですが、本来はこの役割ダイヤグラムの適正化をさします。

4）名簿ダイヤグラム（Roster）

　名簿ダイヤグラムは、組織の関係者全員の**名簿一覧**あるいは、**住所録**とも呼ばれるものです。

5）人事ダイヤグラム（Personnel Chart）

　人事ダイヤグラムは、**役割ダイヤグラムと名簿を合体させたもの**で、通常人事部が把握しています。

> **例えば**
>
> 町内会のイベント開催のための人事ダイヤグラム
> リーダー（本イベントの責任者）・・・・・・・・・・・・・1名：山田隼人（住所…）
> 副リーダー（リーダーの補佐）・・・・・・・・・・・・・・・1名：竹下正子（住所…）
> 事務局（届け出他、事務的管理）・・・・・・・・・・・・・1名：田中太郎（住所…）
> 財務委員長（予算管理と出納）・・・・・・・・・・・・・・・1名：吉田　学（住所…）
> 企画・実行委員長（準備・当日の実行リーダー）・・・1名：石川　一（住所…）
> サポーター（準備段階のお手伝い）・・・・・・・・・・・20名（名前・住所20名分）
> ボランティア（当日のお手伝い）・・・・・・・・・・・・・30名（名前・住所30名分）

> **例えば**
>
> 町の居酒屋「のんべぇ」の人事ダイヤグラム
> オーナー兼店長（オーナー）・・・・・・・・・・・・・・・・・1名：谷口康彦（住所…）
> 副店長（オーナーの奥さん）・・・・・・・・・・・・・・・・・1名：谷口裕子（住所…）
> キッチン・リーダー（正社員、料理が作れる）・・・・・1名：秦　靖男（住所…）
> 厨房（バイト、キッチン・リーダーの指示で動く）・・・2名（名前・住所2名分）
> フロアー（バイト、シフト制、週〇〇時間以上働く）・・・3名（名前・住所3名分）

　人事ダイヤグラムは、組織の中でどの部署にどのような役割で、誰が配属されているのかが一目でわかるダイヤグラムです。そして、各部署と役割には、求められる成果が存在し、それぞれの役割から他の役割や部署を、肯定・否定に関わらずどう見ているのかを確認するための情報源でもあります。自分はどう見られたいのか、あるいは、自分達は周囲にどう見られたいのかが、大きく影響し合います。

　組織によっては定められた時期に、「人事配属」の発表があります。そんな時、自分の名前を見つけて、新たな配属先では何を求められて（成果）、何人

の人がいて、誰がいるのか、その人達はどんな働きをするのかが大きな関心事になります。そして、自分自身はその部署でどのような働きをするのか、また自分は周囲からどう見られているのかを考えることになります。

> 人事配属、クラス替え、メンバー発表等は、常に胸がザワザワ、ワクワク、ドキドキしますね。

鈴木さんの発見！ 同じ異動にも、いろんな見方があるんですね！

人事異動のシーズン、営業成績のかんばしくない鈴木さんは気が気じゃありません。そんな中、西日本商事でも異動が発表されました。すると、こんなうわさが…。
「プロジェクトの成功が評価されて、澤田さんが昇格された！」
「今回の異動は、わが社の今後をかけた部署に若手の精鋭が集められたな」などなど。
うわさを耳にしながら、「人事異動ってその人をどう評価したのか、その部署をどう見ているのか、いろいろな視点が絡んでいるんだなあ」と思う鈴木さんでした。
そして、異動のなかった鈴木さんは…？？？
気持ちを切り替えて、古巣での営業活動にいそしむのでした。

6）スケジュール（Schedule）

スケジュールとは、そのグループが、何を、いつまでに、どのようにやらなければならないかを示した計画表のことです。どれくらいの人数の人達が関わるのか、また役割や活動のタイミングなどの情報も含んでいます。

ビルの建設スケジュールや、運動会までのタスク・スケジュール、年末の大掃除とお正月の準備のスケジュール等、大規模なものから普段の生活まで存在します。

ワーク

研修を例に、設営ダイヤグラム、役割ダイヤグラム、名簿ダイヤグラム、人事ダイヤグラム、スケジュールを考えてみましょう。

（解答例）

- 設営ダイヤグラム（Location Diagram）
  椅子をどう並べるか。スクール形式、シアター形式、その他等、講師の立つ位置や、荷物置き場の位置等が異なるだけでも、研修の中身に影響を与えます。
- 役割ダイヤグラム（Manning Table）
  講師は、何名…講義担当（当日の責任者）
  受付は、何名…午前○時〜△時××分までの受付業務
  講師の補佐的役割、何名…講師の指示に従う
  スキル（資格）　などなど
- 名簿ダイヤグラム（Roster）
  参加者名簿

- 人事ダイヤグラム (Personnel Chart)
  役割ダイヤグラムに名前が記入されたもの
- スケジュール (Schedule)
  研修の開催日時
  研修開催日までのタイムスケジュール (予定表)
  研修当日のタイムスケジュール (予定表)

> 活用のヒント！
>
> 研修当日に人の動きがスムーズでない場合、これらのダイヤグラムが明確でない、関係者に伝わっていないといったことがあります。運営につまずいたら、各ダイヤグラムを見直してみましょう。

2 個人構造
Individual Structure

【個人構造】とは、公的構造 (Public Structure) の一部で、**個人が、組織内の「人」の役割や立場をどう見るかを基準に、その「組織」をどう評価するか**をさします。

個人構造の情報は、対象となる人やその組織の成熟度を知る手掛かりになります。

例えば、私が関わったあるイベントでは8つの小委員会ができました。各委員会のメンバーがそれぞれの仕事 (役割) や立場で活動し始めると、その委員

会がどのような仕事の進め方をするか、何を大事にしているか、各メンバーについても、それぞれに特徴が見え始めます。そうして、その委員会や各個人に対する私の個人構造によって、その委員会・その人「らしさ」や「成熟度」ができあがりました。個人構造は、今までの私の体験を基盤に作られます。

> **事例**
>
> 　最近、営業成績の上がらない鈴木さん。ようやく取引先になってくれそうな会社に出合えました。その部署のリーダー・山下課長の感触も悪くありません。なんとか成約させたいのですが、その山下課長の評判が様々だとわかりました。
> 　部下の木村さんは「頼れる課長ですよ」と言い、同じく部下の山田さんは「いやあ、部長が違う意見なので、山下課長はどうするかなあ？　意見を変えるかもなあ」とハッキリしない様子。鈴木さんには山下課長が頼れるリーダーに見えるのですが…。

《解説》

鈴木さんは困っているようですね。個人構造は、この例のように、木村さんから見た山下課長、山田さんから見た山下課長、鈴木さんから見た山下課長がそれぞれ異なることを経験します。

つまり、山下課長のイメージは、関係者それぞれがもつ個人構造からできあがっているので、三者三様に表現されます。

関係者それぞれが異なる体験や経験・知識をもち、自分なりの解釈をするため、個人構造は異なります。しかし、次の例1のように社内の誰に尋ねても、山下課長の評判がおおむね同じ言葉で返ってくるケースもあります。2つのケースを説明してみましょう。

（例1）山下課長のイメージを社員のそれぞれが、<u>同様の言葉で表現する場合</u>

　山下課長と社員達との関わりや共有する体験が増えていく中で、社員それぞれがもつ個人構造は統一されます。この個人構造には肯定的、否定的の両方があります。

　個人構造が統一されている会社は、仕事を多く積み、成熟しまとまっているといえます。それら統一された個人構造が内的機構要素となり、外部に対して統一したメッセージとして発信され対応されるので、組織の結束力は強いといえます。

（例2）山下課長のイメージを社員それぞれが、<u>様々な言葉で表現する場合</u>

　山下課長のもとでの関わりが少なく、組織の成熟度は未熟で統一性が無い、カタチができあがっていないといえるでしょう。

> 山下課長を部下がそれぞれの見方で見ている段階なので、山下課長の率いる組織の結束力はあまり強いとはいえないようです。でも、山下課長がどういう人なのか、その最終的決定権は鈴木さんにあります。鈴木さん自身でさらに情報を集められるといいですね。

　組織診断では、関係者から多くの情報を収集することが多々あります。その時、一人ひとりに「組織をどう見ているか」「組織内のあの人をどう見ているか」と、尋ねます。これは、個人構造のデータを収集しているといえるでしょう。

❸ 権威者ダイヤグラム（組織図）
Authority Diagram

1) 公式権威者ダイヤグラム（The Formal Authority Diagram）

公式権威者ダイヤグラムとは、**その組織の権威の階層的分類を表す図**で、一般的には「組織図」と呼ばれる図表に当たります。

各階層に属する人々は、彼らの上司（段階の上位の人達）の期待や望みに対して同意を強制させられる場合が多いです。また問題が生じた場合、上位の人達への報告が義務付けられています。

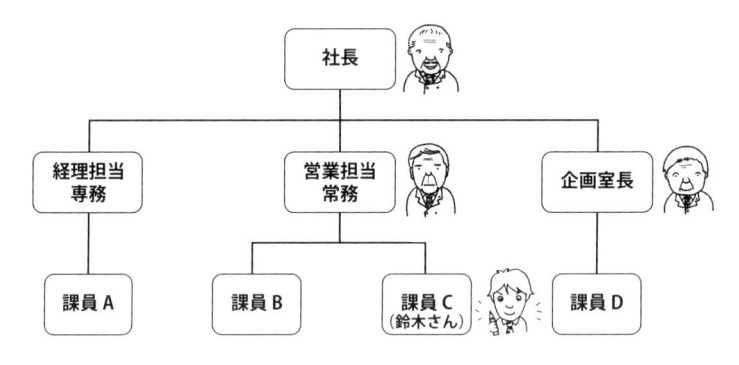

図2-5　公式権威者ダイヤグラム

> **ワーク**
>
> 自分の組織の公式権威者ダイヤグラムを描いてみましょう。
> ホームページや会社概要にも見つけることができます。

2) 非公式権威者ダイヤグラム（The Informal Authority Diagram）

組織の中での動きは、原則としての組織図（公式権威者ダイヤグラム）通りに機

能する場合とは別に、その組織内の慣例といわれるような**実質的な組織図**が存在することが多いです。非公式権威者ダイヤグラムは、実際の人間関係をもとに描かれます。次の4つ、**①個人の権威、②派閥、③組織の文化的側面、④組織の歴史的側面**に分けられ、組織構成員（組織図を描く人）各自から見た組織図になります。

①個人の権威：The Personal Authority

個人の権威とは、**その該当する権威者と組織図を描く自分との関係性から生まれる位置関係を表すもの**です。階級組織の中での行動を決定するのに強く影響します。

「誰と関わらなくてはならないか」「誰と関わった方が都合いいのか」の質問に浮上してくる人物が、その人の権威者となります。

例えば、お世話になったとか、これからお世話になるといった権威者との関係性で、その人物を自分の権威者として書いた組織図は、非公式権威者ダイヤグラムのひとつとして存在します。

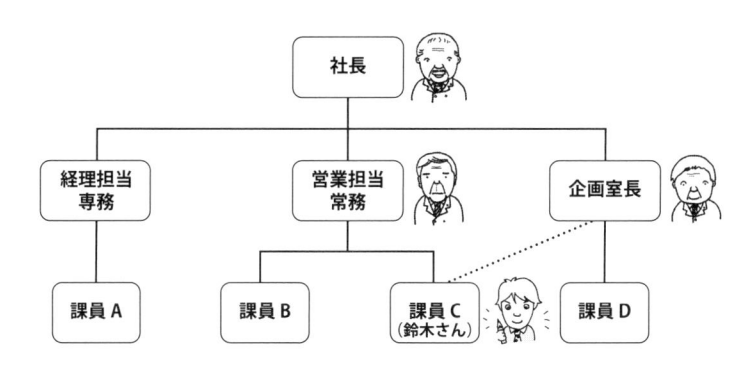

図2-6　非公式権威者ダイヤグラム（個人の権威重要視派）
課員Cの鈴木さんが企画室長にかわいがってもらっている状況を点線で示しています。

②派閥（どのグループ（派）に所属するか）：The Organization Chart

派閥には、大きく2つの考え方があります。

ひとつ目は、**政治的もしくは策略的グループに関わり、自分の上位にいる人物に重きを置き、その人達が周りに及ぼす影響力や人格を詳しく知るように努め、自分をそこに描かれてる人達にアピールすることで自分にとってなんらかの肯定的な結果を得ようとする場合が多いです。自分の利益に直接関係する人達を見た組織図**になります。

（例）「あの人は今は部長クラスだけれど、社長の親族で将来は社長になる」と判断すると、その部長をメインに置き、自分自身をアピールする組織図をいいます。

下の**非公式権威者ダイヤグラム（派閥重要視派）**は、社長が企画室長をとても信頼し、関係が非常に近いので、企画室長が最初に「GO！」と言うと、その後社長からの決裁はスムーズにはかどる経験から描かれた非公式権威者ダイヤグラムです。

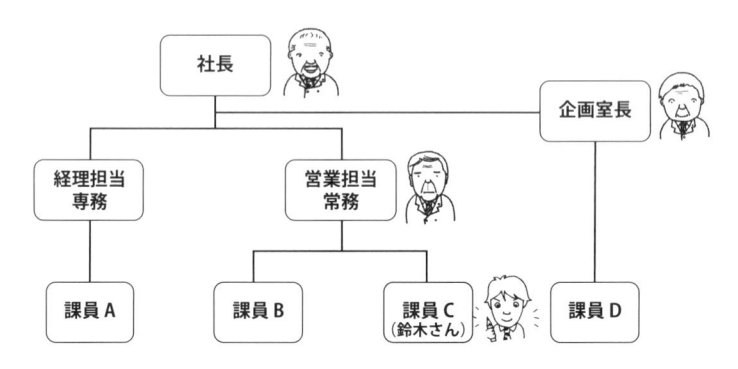

図2-7　非公式権威者ダイヤグラム（派閥重要視派）

公式権威者ダイヤグラムでは経理担当専務、営業担当常務、企画室長は横並びだったのですが、社長と企画室長との人間関係を考慮すると、企画室長を他の役員より上部に位置し、自分の直属の上司への報告と同時に、企画室長にもサポートを依頼しておくと社長の決裁がスムーズに遂行されるので、このようなダイヤグラムが描かれました。それを知らずに、表向きの手続きだけで決裁を求めると時間がかかるばかりか、その案件が通らないことも経験します。

　派閥の２つ目は、(正当な) 手続き派グループに関わる場合で、上司の人格や能力には考慮なく、ルールにそってその上司が正しいと思うこと／言うことを行います。つまり、階級社会の中での自分自身の「公的」立場と、その組織内の他のメンバーとの人間関係の明瞭な評価を得るために注意を払います。

(例) 自分の意志・意向等には全く関係なく、公的権威者ダイヤグラム上の上司の指示通りにすることで、周囲から「間違ったことはしていない」というような肯定的な支持を得ることを考え、その流れを保持します。

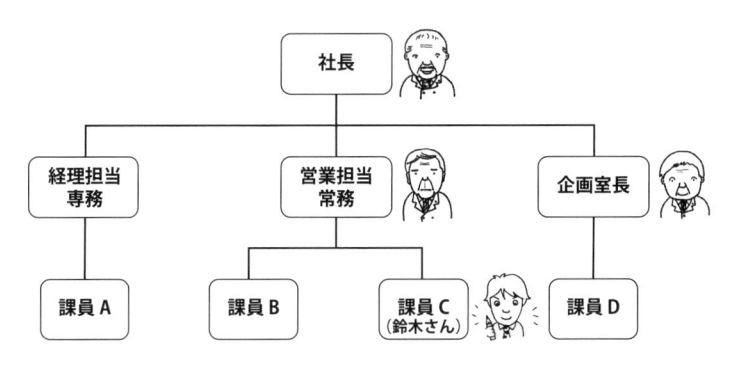

図2-8　非公式権威者ダイヤグラム (手続き重要視派)
手続きを重要視するため、公式権威者ダイヤグラムと同じです。

③組織の文化的側面（組織内で存在する明文化された信念）：The Cultural Aspects

　この組織図は、組織の行動の指針となります。「困った時は、〇〇さんの指示を仰ぐ」というような明瞭な文面等で残される場合や、社訓や実践マニュアル等によって示されている時もあります。

　組織の従来のやり方（文化的な側面）が裏付けされたものなので、正確な手続きを重視する人達にとっては、困難に際した時の最初の心動かす原動力となり、また策略的な人達にとっては、安全装置のようなものとして受け入れやすい組織図でもあります。

（例） 新店舗のオープンは、「大安」の日にするとか、組織内の決定時に「〜〜さんの意見を伺う」等の周知の慣例／しきたりを組み込んだ組織図をさします。

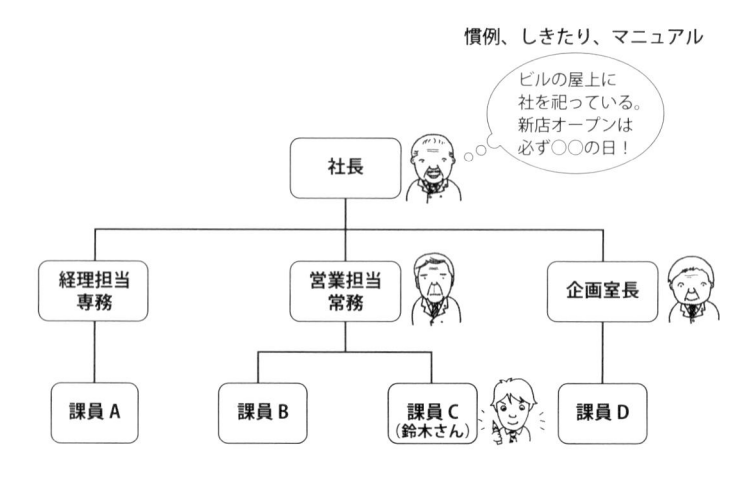

図2-9　非公式権威者ダイヤグラム（組織文化重要視派）

④組織の歴史的側面（その組織あるいは、個人がもつ歴史的経験・経緯・故人の影響など）：Historical Aspects

　困難に遭遇した時に、過去の解決・対処方法は役立つことも多いです。これらの歴史的経験や方法が、技術革新や新しい経営組織の実施時に遭遇する問題がどのようなものになるかを示唆してくれる時もあり、大きな影響力をもつものとして存在します。

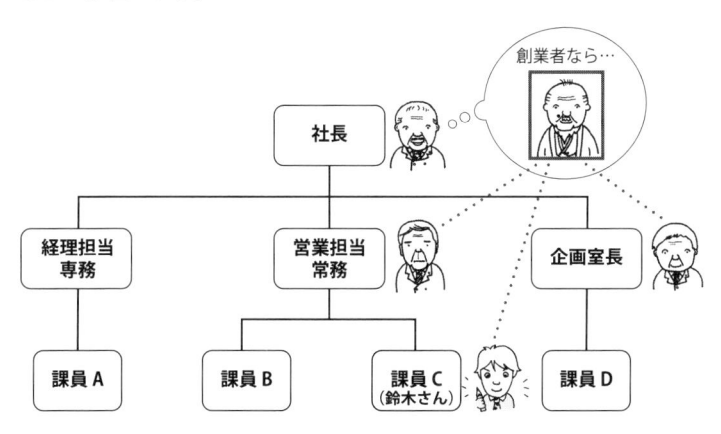

図2-10　非公式権威者ダイヤグラム（歴史重要視派）

　社史、肖像画、故人の体験等を振り返りながら、自分の中に歴史的側面の組織図を描いているようです。それらの人物を思い浮かべながら、「～なことをすると叱られるだろうなあ」とか「～なことになったら、さぞ喜んでくれるだろう」「このような状況下では～するだろうな」と、これからの課題に立ち向かう時に、それぞれの階層別分類に属する人々を上司とし、彼らの期待や望みに対して同意を強いられたり、反抗的になったりします。

（例） アメリカの大統領などの就任演説では、「〇〇大統領も言っていたように…」、日本の政治家なども所信表明をする際に、「過去の〇〇も成されたよう

に…」など、ハッキリとした歴史的側面から見た組織図の影響力を頭に描きながら、話されている場合が多いようです。

ワーク
自分の組織の非公式権威者ダイヤグラムを描いてみましょう。

活用のヒント！
あなたは困った時、誰に相談していますか？　あなたは誰からのストロークが嬉しいですか？　それは、個人の権威／派閥／組織の文化的側面／組織の歴史的側面のうち、どの組織図に当てはまりますか？

鈴木さんの発見！　事業継承は周囲に認めてもらうまで大変！

僕の友人は、彼のお父さんとお母さん2人で立ち上げた会社を今年の春に継承したんだけれどね。その彼が言ってました。
「大きな決断をする時に、昔からいる社員が決まってリタイアした親父に意見を求めるんだ。僕はまだ、リーダーとして力量不足。認めてもらってないんだよね」って。これは、非公式権威者ダイヤグラムといえそうだな。彼も、凄い実績を作り上げた親父さんをもったもんだから、お父さんの威光をぬぐうのは大変だろうなあ。

> お父さんの威光をぬぐうには、のちほどご紹介する「リーダーシップの概念」も有効ですよ！

4 グループ・イマーゴ
Group Imago

　私的構造（Private Structure）には【グループ・イマーゴ】があります。組織やグループ内で、他者（周囲）をどのように見ているか、その構造（仕組み）をさします。

　日常生活や仕事で、チラシや本、雑誌、人の話など、外部から情報を得て、その情報を元にある場所での展開について、ある種のイメージを作り上げます。それらイメージを【グループ・イマーゴ】といいます。

　今回は、鈴木さんのプライベートを例に、グループ・イマーゴについて紹介しましょう。

> **事例**
>
> 　28才、独身の鈴木さんに、最近ガールフレンドができました。早速、週末デートのプランを練ることに…。「スペイン料理の美味しい店に彼女を誘って2人きりでロマンチックな食事がしたいなあ」と考えた鈴木さんは、情報誌や友人のオススメを参考に、あるレストランに予約を入れました。（この『予約』までの選択は、鈴木さんの今までの体験や知識・情報を基準にしたものです。）
> 　デート当日、彼女と初めてのレストランに向かいます。「レストランはこんな雰囲気で、こんな料理を注文して、こんな会話を楽しんで、そこにフラメンコの情熱的な踊り…」と妄想てんこ盛りの鈴木氏です（笑）。ところ

がお店に着くと…。

　鈴木さんの妄想から、遭遇した現実との違いをグループ・イマーゴの理論を使って見ていきましょう。

事前グループ・イマーゴ

《解説》

　お店の外観や看板を目にした瞬間、あるいはお店に入った瞬間、鈴木さんの頭の中では、描いていたイメージとの比較が始まります。

　なんと、鈴木さんの目の前に現れたお店は、スペイン・バル（スペインの街角にあるような気軽な立ち飲み酒場）でした！さあ大変！　困りました。どこでどう間違ったか鈴木さんの予測とは大違いのお店に来てしまったのです！！

> ここで、鈴木さんの頭の中で「このお店に入って彼女と食事をするか」「場所を変えるか」等のふるい分け（選択）が起こり、調整作業が始まります。

調整作業

「ここで食べる？他の場所を探すのも…。今日は、予定と違うけど、ここで食べよう！」

自分の思い込みに気づいた鈴木さんは、現状を受け入れながらも、彼が欲しかった結末を手に入れるために動きます。この動き方には2つのパターンが考えられます。

Aパターン
絶対ロマンチックな店がいい！

　鈴木さんは彼女とロマンチックな雰囲気の中で2人の食事を期待していたのに、お店を見た瞬間、実現不可能！と判明しました。

　鈴木さんは、今日はどうしても彼女とロマンチックな時間をもちたいと思い、これを死守するため、今まで蓄積してきた経験をもとに、レストランを急きょ探して見つけるという選択です。

> 彼が欲しい結末を手に入れるのに都合のいいレストランを探す努力をします。結果、めでたく想定通りの彼女とのロマンチックな時間をもつことができます。

Bパターン
ここで楽しむ！

　自分の思い描いていた「彼女と2人だけのロマンチックな食事ができるレストラン」という期待とはかけ離れた現実を受け入れ、彼女と一緒にそのお店に入り、バルの中で知り合った初めての人達との会話も楽しむという選択です。

> 鈴木さんは予測とは違う食事を選択。つまり、当初の期待を修整し、予測とは異なりますが、彼女との楽しい食事をするという結末は手に入れることができます。

私達は、鈴木さんの体験と同じように、プライベートでも仕事場でも、ある種の予測や期待感をもちながら現実の世界に臨み、そのギャップを修整したり順応しながら、生活や仕事をしています。

　人と出会う時や新しい場所に行く時、事前に描く「その場」のイメージと実際の場面との違いを経験し、自分なりにその場の状況や立場などを受け止め、確認、次へ進む選択を求められます。毎回このような調整するのを避けるために、「お気に入りの店」「いつものところ」を選ぶ傾向にもあります。

　エリック・バーンは、彼の組織理論の中で【4つのグループ・イマーゴ】という概念を発表し、4段階の順応するプロセスを、【4段階のグループ・イマーゴ・アジャストメント】と呼び、ダイヤグラム化して説明しています。グループの成長の段階やグループへの理解を深めるためのツールとして活用できます。

●4段階のグループ・イマーゴ・アジャストメント
The four stages of Group Imago Adjustment

（第1段階）事前グループ・イマーゴ
（第2段階）順応するグループ・イマーゴ
（第3段階）機能するグループ・イマーゴ
（第4段階）再順応するグループ・イマーゴ

　【事前グループ・イマーゴ】から始まり、調整を経て【順応するグループ・イマーゴ】に移行し、相互が関連し合い何らかの方向や目的、ゴールに向かって動き始める段階の【機能するグループ・イマーゴ】ができあがります。機能するグループ・イマーゴの段階では、心理的ゲームなどが始まる可能性も含み、不安定さを体験しますが、その後のそれぞれの学習や新たな展開で、より親密な関係や成長を期待できる段階である【再順応するグループ・イマーゴ】

に移行していきます。【機能するグループ・イマーゴ】と【再順応するグループ・イマーゴ】との間を行き来することもあります。

先の事例、鈴木さんがレストランで食事するまでを使って、説明しましょう。

1) 事前グループ・イマーゴ （Provisional Group Imago）

事前グループ・イマーゴとは、自分がそのグループや場所で何を体験するかという**期待感や妄想**でできあがります。その期待感は、幼い頃からの一つひとつの体験（注1）が重なり合った結果生まれた模写ともいわれ、グループを見る／関わる時に必ずその影響が出ます。

注1：スクリプト形成の初期段階（Palimpsest ／パリムセスト）。スクリプトに関しては、197ページ参照。

私達個人が、ある組織やグループ（以下、グループという）に関わる時、そのグループに対して、こうあるべき、こうあってはならない等の思い込み（ビリーフ）や期待感で固めたある種のイメージ（イマーゴ）をもっています。それらのイメージには、私達一人ひとりがもつ、その人の要求、希望、体験や感情などが大きく関与しています。

鈴木さんの事例でいうと… 鈴木さんが、自分と彼女がレストランの中でどんな風になっているかを妄想している状況です。

図2-11　事前グループ・イマーゴのダイヤグラム
大きな横長の楕円は、自分達（鈴木さんと彼女）と「レストラン」内の他のお客さんやスタッフのイメージです。すべてが、過去の体験や知識で作り上げたイメージ（想像・妄想）で、識別化できていない状態です。場全体は太い線で描いた凸で示しています。

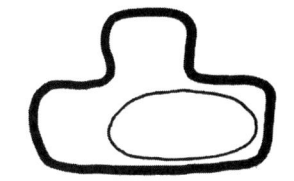

2）順応するグループ・イマーゴ（Adapted Group Imago）

　目の前の現実に適応するために事前グループ・イマーゴを順応させた状態です。適応するために2つの能力が求められます。

①アダルト（A）の適応性（Adaptability）

　適合、適応、融通といった（A）の手法が問われます。スクリプトやビリーフ（信念や思い込み）に惑わされないで、**現実的に事前の目標を手に入れる調整法**です。

　常に（A）を働かせ、今ここでの情報を収集し、自分の欲しい結末に向かって自分のもつ知識や情報、外交的手腕を発揮し、洞察力をもって、賢く、我慢強く動きます。

　そして、自分のチャイルド（C）を喜ばすために、スクリプトやビリーフには惑わされないで、事前グループ・イマーゴの修整あるいは、全く新しいものに置き換えることもあります。

　鈴木さんの事例（Aパターン・51ページ）でいうと…　バルの中でも静かな落ち着いた場所（テーブル）を求めるとか、このお店はあきらめて違うレストランに行く選択をします。

②アダルト（A）の柔軟性（Flexibility）

　しなやかさが求められます。自分のスクリプトやビリーフを調整するやり方です。スクリプトやビリーフを脅かす要素を断念するか、修整するための個人の能力と意志によって現実を受け入れます。

　目の前の状況下では、自分が描いた満足いく結末を手に入れることが困難だと悟り、**この場での可能性**（予想より下方修整も含め）**を受け入れる柔軟性**が求められます。柔軟性のない人は、これらの調整が困難です。

鈴木さんの事例（Bパターン・51ページ）でいうと…　ロマンティックな2人の食事をあきらめ、賑やかなバルで食事することを決めた状態です。

図2-12　順応するグループ・イマーゴのダイヤグラム
小さな黒丸は、自分（鈴木さん）と彼女を表します。「このレストランにいよう」と決断しますが、自分達と他者との区別ができておらず、周りの人達は、まだひと固まりにしか認識されていません。まだまだ不安定な状態ともいえます。

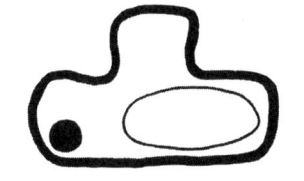

3）機能するグループ・イマーゴ（Operative Group Imago）

　その場のリーダーやそれ以外の人達それぞれが何を期待し、自分はどのような立場や役割なのかがわかると自分の居場所が定まり、**その場がグループとして機能する状態**になります。

　このように、順応するグループ・イマーゴから機能するグループ・イマーゴへ移行するには、それぞれの個人構造（39ページ）が大切です。他の個人個人の役割・立場をどう見るかがハッキリすると、グループは機能し始めます。

　自分と他のメンバーとの心理的・社会的ポジションが明確になるので、心理的ゲームが発生する可能性も生まれます。

　例えば、私があるグループに初めて参加したとします。事前に私が知っている人は誰もいません。会場に着いた時、私の居場所も含めてひとつの塊としてのみ認識してしまいますが、周囲の人達との会話から「この人は、〜〜な人。この人の名前は○○で、こんな仕事をされている」といった情報を少しずつ得て、私の居場所とそれぞれの個人構造を作り上げていきます。

　ひとつの塊から一人ひとりが分離していくと個人構造が明確になり、こうした

過程を通して、私の居心地はさらによくなります。

　一般的に、「グループに打ち解けていないので、自分の立ち位置がわからない」「グループ内でどう振舞っていいのかわからない」というのは、この機能するグループ・イマーゴの調整がうまくいっていない状態であることを表します。相手からの情報を収集することも大切ですが、同時に自分の情報をグループの他のメンバーと分かち合うことも大切です。

> 新入社員や試用期間終了直後の突然の「辞表」は、機能するグループ・イマーゴの段階で、本人の中でもうこれ以上の調整が困難という結論なのかもしれません。

　新しいメンバーと仕事を始める時は、**そのグループを機能するグループ・イマーゴに早くもっていくことが大切**です。そのために自己紹介やそれぞれの職務・職域を明確にすることなどがおすすめです。また、飲み会、歓迎会等での情報交換も有効的です。

鈴木さんの事例でいうと…　レストランのウェイターと自分達のテーブル、隣のテーブルの人達が、詳しい情報はなくても認識できている状態です。
機能するグループ・イマーゴは、担当のウェイターが来て店内の様子もわかり、何となく落ち着いてくる段階です。しかし、このウェイターが鈴木さんの描いていたイメージと酷く異なると、こ

図2-13　機能するグループ・イマーゴのダイヤグラム
ウェイターと自分達、他のお客さんが分化しています。

の段階でも落ち着かなくなり、順応するグループ・イマーゴの段階に戻ります。「やっぱりやめておこう」「我慢する」「ウェイターに合わせる」等の調整や順応を選択します。

この場合、鈴木さんは注文するまで相当量のハードルを越えなければなりません…。これだけで疲れてしまうこともあります！ 状況によっては、新しいお店に行かず、要領を得たお店に行くのが良策かもしれません。

4）再順応するグループ・イマーゴ（Secondary Adjusted Group Imago）

そのグループのやり方や文化（組織文化：97ページ）を受け入れ始め、心理的ゲームのない親密性が生まれる状態をさします。

再順応するグループ・イマーゴは、I'm OK–You're OK ポジション（193ページ）でもあります。個人の価値と真意、成長や発展をお互いが尊重し、ゴールに向かって一緒に歩む状態です。

再順応するグループ・イマーゴに定着し続けることはなく、グループ内の出来事によって機能するグループ・イマーゴや順応するグループ・イマーゴの段階に戻り、再調整を経験します。

鈴木さんの事例でいうと… 担当ウェイターや、ひょっとすると隣のテーブルの人達と話が弾み、「ここに来てよかった！」という思いや、「またここに来たい」と思う状況です。

図2-14　再順応するグループ・イマーゴのダイヤグラム
ウェイター、自分達、他のお客さん達の分化が進みます。

●グループ・イマーゴの活用例

(例1) グループのリーダーが交代して新組織誕生！ そんな時、どう使う?

　まずは新リーダーとグループ内の誰か1人が、何らかの情報を共有して、つながることが役立ちます。グループ内で柔軟な個人構造をもっている人や、情報をたくさんもっている人がいると新リーダーとその人はつながりやすく、そのつながりは、他のメンバーと新リーダーがつながりやすい雰囲気を生みます。

　ダイヤグラムで機能する状態までのプロセスを見てみましょう。

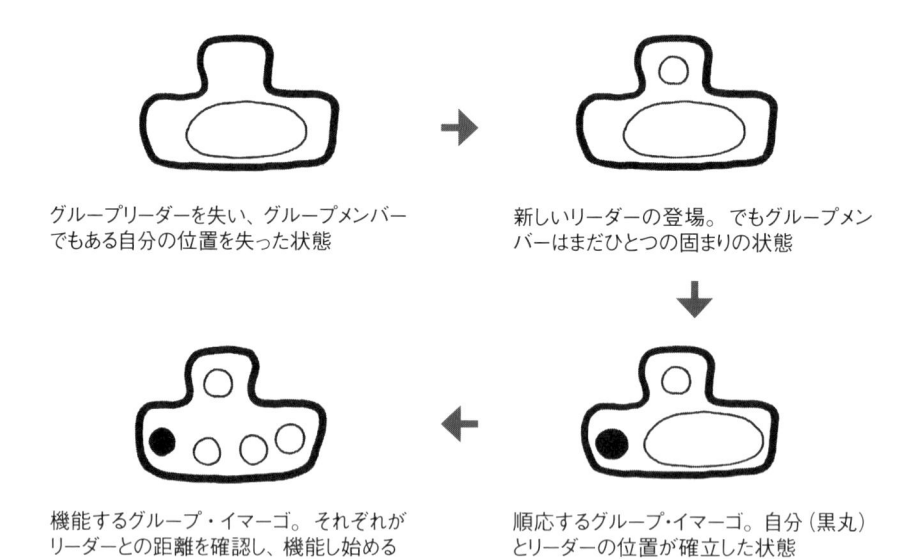

グループリーダーを失い、グループメンバーでもある自分の位置を失った状態

→

新しいリーダーの登場。でもグループメンバーはまだひとつの固まりの状態

↓

機能するグループ・イマーゴ。それぞれがリーダーとの距離を確認し、機能し始める

←

順応するグループ・イマーゴ。自分(黒丸)とリーダーの位置が確立した状態

　既存のグループにおいてリーダーの異動やメンバー交代は、グループの機能に大きな影響を与えます。

　グループメンバーに変化が生まれた時は、一旦、順応するグループ・イマーゴの段階に戻ります。早い時期にグループを機能する状態(機能するグループ・イマーゴ)にもっていく必要があります。

（例2）初対面の人達のグループをまとめたい！　そんな時、どう使う？

　自己紹介やアイスブレーク、ゲーム等を通じて事前グループ・イマーゴから、順応するグループ・イマーゴ、そして機能するグループ・イマーゴにもっていきます。個人の情報を共有すると、グループはまとまりやすくなります。

　この「まとまり」は必ずしも肯定的とは限りません。それら知り得た個人の情報が、互いに受け入れられない場合は、「まとまらない」状態の機能するグループ・イマーゴとして定着します。常に心理的ゲームを経験する可能性があります。

鈴木さんの発見！　「4つのグループ・イマーゴ・アジャストメント」を体験！

　4つのグループ・イマーゴ・アジャストメントは仕事でよく体験するなあ。この間、初訪問の会社に、アポイントを取って行った時のことです。

（第1段階）：電話で話していた真田さんと1対1で話すのだろうと想像しながらの相手先を訪問しました。

（第2段階）：会議室で待っていると、なんと一気に3人も入ってきて、もうパニック！　資料は2部しかないし、年配の上司みたいな人も一緒だし、誰が真田さんかもわからない！

　そんな僕の心中を察してくれたのか、1人の男性が、「はじめまして。お電話でお話しさせていただいた真田です」と挨拶をしてくれました。あの時、ホッとしたなあ。
　でも、他の2人はどういう人なんだろう…と思って緊張していたら、真

田さんが「突然ですみません。今日は同僚の渡邊さんと池田さんにも同席してもらうことにしました。鈴木さんとはこれから接点があるように思いまして」と、2人を紹介してくれて…。あれでかなり落ち着いて、名刺交換ができたなあ。

(第3段階)：誰がどんな仕事をされているのか、誰が決定権をもっている方なのか等、一人ひとりの仕事内容や個性が話の中で明確になり、ミーティングはトントンと進みました。

(第4段階)：その後の渡邊さんの趣味の話もおもしろかったし。次回の訪問日時も決まって今回のミーティングは無事終了。この人達とこれから仕事を進めていくのが楽しみ！と思い、初めての訪問を終えました。

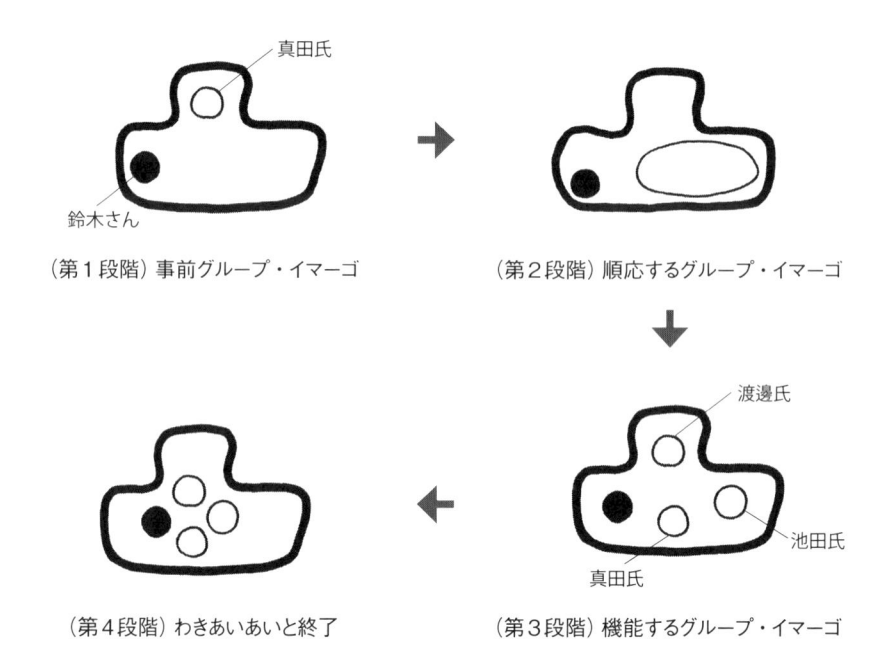

(第1段階) 事前グループ・イマーゴ

(第2段階) 順応するグループ・イマーゴ

(第3段階) 機能するグループ・イマーゴ

(第4段階) わきあいあいと終了

（例3）講習会のチラシを見て行ったら想像と違った！　グループイマーゴで説明してみよう

　講習会には、参加者がそれぞれの事前グループ・イマーゴをもって会場に集まってきます。講習会の内容、講師、金額、会場など、チラシにあるすべての情報、口コミなどが、参加者の事前グループ・イマーゴを作る材料（要素）になります。

　当日になっての何らかの変更は、参加者にとって事前グループ・イマーゴから順応するグループ・イマーゴへの調整に余分なエネルギーを要します。その間は参加者にとって、ザワザワ、ドキドキで居心地の悪い状況が続きます。

　講習会が始まったら、できる限り短時間でグループ全体を、機能するグループ・イマーゴの状態にもっていけるよう、意識してプログラムを組み立てるといいでしょう。

　そのためには、参加者それぞれの「個人構造」が作りやすいように、そこにいる人達の情報を共有化することです。例えば、大きな会場では「ここにお集まりの方々は、○○に興味のある人達ですね」とか、小さな会場では一人ひとりに「自己紹介をしてもらう」といった方法です。

　これは、会社で開かれる会議等の事前告知、各種パーティも同様です。

コメント　〜ともこ先生の体験を通して

　私が関わったあるイベントでも、8つの小委員会を発足しました。各委員会のメンバーの名前だけがわかっている状態は、事前グループ・イマーゴの段階といえるでしょう。

　その後メンバーが決まり、初めてのミーティングで顔合わせをすると、順応するグループ・イマーゴの段階に入り、この状態がしばらく続きます。

各委員会が活動し始めメンバー間で情報交換が活発になってくると、それぞれの役割や立場、仕事の進め方等が明瞭になってきて、委員会は機能し始めます。これが機能するグループ・イマーゴです。
　I'm OK-You're OKのポジションでメンバー同士の忌憚ない意見交換をしていく中で、ゴールに向かって委員会が運営されるようになります。これが再順応するグループ・イマーゴの段階です。

　この状態で新メンバーが委員会に加わったりすると、その瞬間に再び順応するグループ・イマーゴに戻り、新メンバーの役割や立場が他のメンバーにとって明確になるまでは、不安定な委員会の状況（順応するグループ・イマーゴの状態）が続きます。
　メンバー同士の様々な関わりを通して、新メンバーの情報が明確になり新しい委員会としての活動が活発になるにつれ、機能するグループ・イマーゴの状態に変化します。

　このように、グループ・イマーゴを使って組織を分析すると、その組織の成熟度合いがわかります。**早く、機能するグループ・イマーゴや再順応するグループ・イマーゴにもっていくこと**が大事ですね。

ここがポイント

3章 組織の機能を分析・診断する「グループ・ダイナミックス」(Group Dynamics)

●グループ・ダイナミックス4つの概念

【グループ・ダイナミックス】とは、組織やグループの存続や崩壊の決め手になる、グループ内の個人同士やグループ間の関わり、外部との関わりをいいます。

グループ・ダイナミックスには、大きく分けて4つの概念があり、それぞれ組織の問題発見のツールとして活用できます。下の表にまとめてみました。

グループ・ダイナミックスの4つの概念	組織の問題発見の理論
1 グループ・プロセス	1）外的グループ・プロセス 2）内的グループ・プロセス 　①メジャー内的グループ・プロセス 　②マイナー内的グループ・プロセス 3）配置ダイヤグラム 4）座席ダイヤグラム 5）やりとりダイヤグラム

2 リーダーシップ	1）3つのリーダーシップ機能 2）3つのP 3）5つのP
3 組織文化	1）グループ・カルチャー 2）グループ・スクリプト
4 コントラクト	1）3コーナード・コントラクト 2）4コーナード・コントラクト

第1章のバウンダリーの項目で使った『かくれんぼ』（16ページ）を、もう一度例に取り上げて説明しましょう。

「勝君と、久美子ちゃんと、やまちゃんと、あきら君と勉君」の5人のグループでかくれんぼをすることになりました。

楽しく遊んでいる時に、5人とは別の誰か、B君がやってきて、「かくれんぼなんて、つまんない遊びだねぇ」ってなことを言ったとします（外部からの関わり／外圧です）。この5人のとる対応として、次の3つのパターンが考えられます。

①全員で「僕達は楽しいよ！」とB君に言って、楽しくかくれんぼを続ける。
　→5人の結束力が強い。
②B君の言葉に影響を受けて、かくれんぼが楽しくなくなる。
　→5人で始めたかくれんぼの結束力は、衰弱化したことになります。
③B君の言葉に影響を受けて、5人のうち誰かが「そうなんだよな！」とか言って、かくれんぼを途中でやめて、どこかへ行ってしまう。
　→5人で始めたかくれんぼの結束力は、途中で崩壊したことになります。

B君という外部からの関わり（外圧）によって、楽しかったかくれんぼが崩れ始めることがあります（バウンダリーの崩壊：20ページ）。

このように、外圧によって組織の存続が脅かされるような出来事は、私達の周りでも起こりうることで、内部の結束力が問われる瞬間です。外圧には、企業の場合、同業他社や顧客、コンサルタント、自然や経済状況等が想定されますし、家庭の場合は、近所からの中傷や不審者の侵入などが挙げられます。

外圧に対してグループや組織の結束力を高めるひとつに、内部での「情報交換」があります。例えば、情報交換によってそれぞれの考え方や感じていること、仕事の内容等、様々な情報を交換することで、一人ひとりがもつ個人構造がより明確になり、お互いを理解しやすくなり結束力が増します。

仕事に直結していない情報をやりとりすることや、仕事以外でも一緒に過ごす時間が多いと、組織全体が活性化し、業績アップにつながることも多いです。

【グループ・プロセス】では、こうした組織の結束力を診断する視点を学びます。

また、組織内の機能（働き）として、次の項目などを考察し、対応することでも組織の結束力が高まり、外圧・内圧から自分達の組織を守ることが可能になります。

- 誰と誰がどこで一緒に働きますか？　→配置ダイヤグラム
- オフィスのレイアウトはどうなっていますか？　→座席ダイヤグラム／設営ダイヤグラム
- グループ内でのやりとりに注目します。　→やりとりダイヤグラム
- リーダーは的確に役割を果たしていますか？　→3つのリーダーシップ機能
- 組織の文化は、認識されていますか？　機能していない価値観は？　→組織文化
- 組織の目標、ゴールは何ですか？　共有化できていますか？　→コントラクト

グループや組織に、今何が起こっているのかを分析する時に、TA組織理論は役立ちます。64ページのかくれんぼグループでいう②と③のパターンを避け、結束力を維持するために『グループ・ダイナミックスの4つの概念』が役立ちます。では、ひとつずつ見ていきましょう。

❶グループ・プロセス
Group Process

1) 外的グループ・プロセス（External Group Process）
外的グループ・プロセスは、**組織と外部からの刺激（圧力）を考察する概念**です。その状態をダイヤグラム化したものを、【**外的グループ・プロセスダイヤグラム**】といいます。

通常、外部からの圧力（外圧）に対し、組織内部の結束力が均衡していれば、外的境界線は維持され、そのグループは存続あるいは、安全・安定を保持することができます。

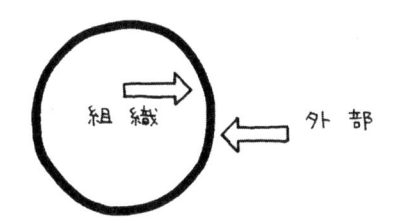

図3-1　外的グループ・プロセスダイヤグラム

外圧とは、ひと言でいえばストレス（あるいは変化）です。肯定的なものとしては、企業への発注や称賛、訪問者等が考えられます。否定的なものであれば、中傷、経済的圧迫、社会情勢の変化等の影響といえるでしょう。また、業績向上のための外部からのコンサルテーションやコーチング、研修も外圧として考えられます。

外的環境の変化で、外圧がグループや組織に強く影響してくると、グループ内部では自分達の外的境界線が崩れるのを防ごうと、結束力が対応し始めます。結束力と外圧の力のバランスで組織が存続するのか崩壊あるいは、元の組織とは違った形態になっていくのかの違いが生まれます。

> **ワーク**

外的グループ・プロセスダイヤグラムを使っての具体例を考えてみましょう。

1）組織内部の結束力＞外圧

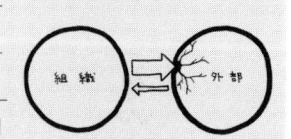

2）組織内部の結束力＜外圧

3）組織内部の結束力＝外圧

（解答例）

1）組織内部の結束力＞外圧

　①外部からの侵入者から、校内の生徒を守った。

　②誹謗中傷による営業妨害があったが、組織内のメンバーが一致団結し、事実無根のデマに対して対応し退けた。

2）組織内部の結束力＜外圧

　①近隣に大きなショッピングモールが開店したので、今までのお店が並ぶ商店街の形態では存続が苦しくなった。

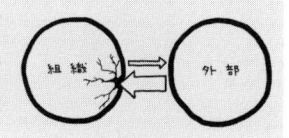

　②輸入品の増加で、国内産商品が売れなくなった。

3）組織内部の結束力＝外圧

　①当日までに申し込みのあった人のみに入室を許可する。

　②隣町の自治会から、安全を守るための協力依頼があり、それを受け入れ、私達の自治会と相互に助け合った。

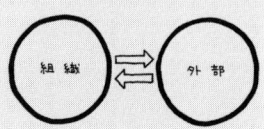

※図のヒビを表す線は本来のダイヤグラムにはありません。

> コメント　～実際にあった研修中の話

研修で講師をしている最中、突然ドアが開いて見知らぬ人が入ってきました。私はリーダーとしてすばやくドアの方に進み、その人の対応に当たりました。参加者はそのやりとりを心配げに見ていました。結果的に、その人はただ部屋を間違って入ってきただけだったので、そのまま研修を継続することができました。

これは、「組織内部の結束力＝外圧」の事例になりますね。すでに研修が進みグループ機能が成立している状態だったので、組織内部の結束力が強かった（動揺しなかった）といえます。

鈴木さんの発見！　外圧でわが社にヒビが…

僕の会社は、外部コンサルタントを採用し、この1年間で大きな改革をしました。

当初は一部の社員がコンサルタントの介入やその後の方針に付いていけず、対立や離職の問題が多く発生したんです（図3-2）。

そこで、繰り返し勉強会が開かれ、半年ぐらい経過した頃から徐々に

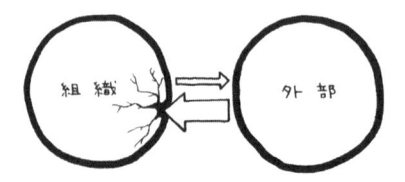

図3-2　改革が始まる頃の外的グループ・プロセスダイヤグラム
コンサルタントのてこ入れによって**離職**が増えた。
※図のヒビを表す線は本来のダイヤグラムにはありません。

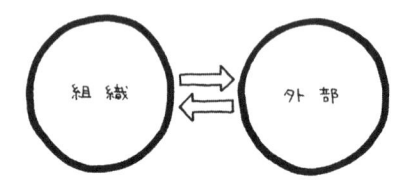

図3-3　組織改革が進んだ頃の外的グループ・プロセスダイヤグラム
勉強会が受け入れられた。

コンサルテーションの意図や内容が浸透し、今まで以上に組織の団結力が強まりました。その結果、外部からのクレームが激減し、お客様からのオーダーに対してきめ細やかな素早い対応が可能になりました。

まさしく、この【外的グループ・プロセスダイヤグラム】でその時々のわが社の動きをダイヤグラム化できますね。

2）内的グループ・プロセス

内的グループ・プロセスには、【メジャー内的グループ・プロセス】と【マイナー内的グループ・プロセス】があります。それぞれ見ていきましょう。

①メジャー内的グループ・プロセス（Major Internal Group Process）

メジャー内的グループ・プロセスは、**グループ内部の管理者側と管理される側の作用を考察する概念**です。

例えば、上司と部下のやりとりを矢印の長さや太さでそれぞれのエネルギーの量や強さを表し分析できます。その状態をダイヤグラム化したものを【メジャー内的グループ・プロセスダイヤグラム】といいます。

研修内であれば講師と受講者の間で発生する作用で、多くの場合は「やりとり」（コミュニケーション）をさします。

講師と受講者間でのやりとりがうまくキャッチボールできていると、これら2つのベクトル（矢印）は、長さ・太さ共にバランスがとれている（図3-4）ので、境界線が崩れることなく研修は進行します。つまり、講師と受講者のそれぞれの役割が保たれていることになります。

図3-4　　　　図3-5
メジャー内的グループ・プロセスダイヤグラム
※図のヒビを表す線は本来の
ダイヤグラムにはありません。

どちらかが相手よりも大きな圧力

をかける場合、ダイヤグラムではベクトルの大きさや太さを変化させて表します。

　内的境界線（内側の円を描く線）が崩れている図3-5のダイヤグラムでは、受講者側からの何らかの関わりで、講師がパワーを失った状況といえます。

鈴木さんの発見！　お茶の稽古場にTAを活用してみると…

僕が一度、友人に連れられてお茶のお席に行った時のことです。何も知らない僕でしたが、お茶の先生と生徒さん達のやりとりや、立ち居振る舞いで、キッチリとその役割や位置が保たれて、誰一人としてその場の雰囲気や秩序を乱すことはなく、僕自身も含めて皆さんが安心してお茶を楽しんでいました。

これをメジャー内的グループ・プロセスのダイヤグラムで表すと図3-6のようになりますね。お茶の先生と友人をはじめ稽古場にいた人達全員で作るベクトルが、等しい関係であったということだと思います。

図3-6　お茶のお席での先生と私達との間のベクトルが均等を表すメジャー内的グループ・プロセスダイヤグラム

※ダイヤグラム内の顔のイラストは、わかりやすくするために描いています。

> コメント 　～ダイヤグラムでやりとりの質と量を見える化しよう！

内部告発によって会社の不正事実が発覚することがありますね。組織内部のある箇所からの強い圧力で、封じ込められた不平不満や不安のエネルギーが内部で溜まり、その処理がうまくいかなくて、溜め込んだ末にそれが外向きの力になったため、「内部告発」という形で表れることもあります。内部告発は、図3-7のダイヤグラムで表せます。組織内のエネルギーのアンバランスによって生じるといえるでしょう。

また、よく「ちょっとガス抜きするか」と言って、気のきく先輩が飲みに誘ってくれることがあります。「ガス抜き」がないと、どこで、どの方向に爆発するかわかりません。上司や同僚、会社への不満、イライラが溜まってくると、その行き場のないエネルギーは否定的な結果を生むことがあります。「じつは〜〜」と自分からもガス抜きをすることが大事ですね。

内的グループ・プロセスダイヤグラムでは、ベクトルの太さで上司と部下とのやりとりの質と量を明確に表せ、ガス抜きが必要な状態かどうかを確認、視覚化することができます。ダイヤグラムは自分の感覚で記入することができるので、より客観的に現状を見ることができ、問題発見、問題解決の糸口になります。誘われるのを待つだけでなく、部下の側から上司に「ちょっと話を聞いてください」と働きかけるのも大切ですね！

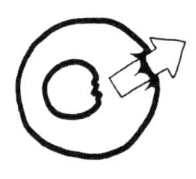

図3-7　メジャー内的グループ・プロセスダイヤグラム

左：メジャー内的グループ・プロセスダイヤグラムの中央から出ている太いベクトルは、上層部から課員に向かっての過度の締め付け（圧力）を表し、細いベクトルは、上層部に対して課員が何も言えない状況を表しています。

右：たまりにたまったエネルギーが居場所を失い、外部に向かって放出（内部告発、集団退職など）し、外的境界線が崩れて一気に力のバランスを失うので、内的境界線もガタガタになります。

②マイナー内的グループ・プロセス（Minor Internal Group Process）

マイナー内的グループ・プロセスとは、グループを構成するメンバー間が行う**やりとりを考察する概念**です。

その状態をダイヤグラム化したものを【**マイナー内的グループ・プロセスダイヤグラム**】といいます。

ある研修の受講者間でのやりとりを使って説明しましょう。

研修に参加している受講者A、B、C、Dがいます。マイナー内的グループ・プロセスは、受講者A、B、C、D間それぞれのやりとりをさします。

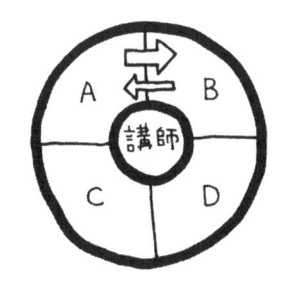

AとBのやりとりがバランスよく進んでいると問題は発生したことになりませんが、左図のように、仮にAからBに対する関わり／語りかけが大きくなると、Bは境界線を維持しようとして、結果的にBは研修の内容に集中できなくなります。（AからBへのベクトルが太い状態）

図3-8　マイナー内的グループ・プロセスダイヤグラム

AとBの境界線が崩れた場合、隣のCやDにまで何らかの影響を及ぼすことがあります。

研修中に、2人1組で話したり、グループで話すワークをする時などでは、このベクトルのバランスを講師は見ておく必要があります。1人の参加者があまりにも多く話す状態では、その1人が境界線を破って太いベクトルを出して他者に侵出していくことになるので、そのグループや研修まで崩壊する可能性が生まれます。

●ある瞬間のグループの結束力

グループへの外圧や内部で起こる内圧の変化と、グループの結束力との関係を見てみましょう。

バーンは、グループ・プロセスの様々な状況下の、ある時点での結束力を計るために、外的グループ・プロセス、メジャー内的グループ・プロセス、マイナー内的グループ・プロセスの足し算で、その力を見るという原理を突き止めました。

例えば、3つそれぞれのグループ・プロセスダイヤグラムに描かれた2つのベクトルのバランスがとれている場合は「○」、そうでない場合は「×」と表し、それら「○」と「×」を足し算した結果が、その瞬間のそのグループがもつ結束力として表すという考え方です。それを次のような方程式で表しました。

【外的グループ・プロセス】＋【メジャー内的グループ・プロセス】＋【マイナー内的グループ・プロセス】＝【ある瞬間のグループの結束力】

- 外的グループ・プロセスに問題が無い状態⇒○
  （内部と外部のバランスがよい状態）
- メジャー内的グループ・プロセスに問題が無い状態⇒○
  （内部の上下関係のバランスがよい状態）
- マイナー内的グループ・プロセスに問題が無い状態⇒○
  （内部の同僚間の関係のバランスがよい状態）

この状態を上の方程式に当てはめると、ある瞬間の結束力は、「○＋○＋○＝○○○」という、「○3つ」のパワーで表すことができます。

それに比べ、3つのグループ・プロセスのいずれかが「×」（バランスの悪い状態）の場合、ある瞬間のグループ結束力は、「○＋○＋×」や「○＋×＋×」になり、その総和は、「○2つ」「○1つ」となります。

すべてのバランスが悪ければ、総和は「○無し」で表され、組織の結束力が非常に弱い状態と見ることができます。

○が少ない場合、すべてがうまくいっている状態に比べて結束力は劣っているので、対応力がなく、外部からの小さな問題が大きな問題に発展する可能性があります。×の部分にエネルギーが取られるので、グループ全体の結束力が低下し、本来のゴール達成が困難になる、あるいは、×のある箇所が原因でグループが衰弱、崩壊しやすいといえます。

こんなケースもあります。例えば、外部から大きな圧力がかかると、内部にあった不協和音がその外圧に対応するために、肯定的に一致団結するケースがあります。

活用のヒント！

方程式から結束力のレベルがわかります。今の組織の現状が客観的に見えるので対応しやすく、結束力を知る尺度として活用できます。外圧に対応するためには、メジャーならびにマイナーの内的グループ・プロセスが○（バランスがとれている）の状態であることがのぞましいです。

研修を例にとると、外部環境から守られ、受講者間に問題がなければ講師は受講者間のやりとりに集中できるということです。また、内部のメンバー間のやりとり、メンバーと講師（組織のリーダー）のやりとりも否定的ストレスがなければ、それらすべてのエネルギーがその組織の結束力となり、外部環境からの圧

力に対応できます。研修から得る成果を最大限にする可能性が増えます。

　このように、組織（企業や研修、教室や家庭）内のやりとりの様子をグループ・プロセスを使ったダイヤグラムにすることで、組織の状況を客観視することが可能になり、強みや弱みを見ることができます。

　例えば、家庭内で夫婦間のやりとりがうまくいっている場合、親子間のやりとり（メジャー内的グループ・プロセス）と、兄弟姉妹間のやりとり（マイナー内的グループ・プロセス）を別々に見て行くことで、その家族の結束力を客観的に見ることができます。

　家族内のメンバーそれぞれと作りだす、メジャーならびにマイナー内的グループ・プロセスのバランスが悪い場面が多いと、家庭崩壊を招く可能性を見ることができます。1カ所だけのやりとりのバランスの崩壊ならば、他のメンバーの働きでうまく乗り越える可能性が高くなります。また、外部との関わりも難無くこなせることも可能になります。

　ダイヤグラムを描くことで、どこに問題点があるのか問題箇所を発見できます。分析の結果、グループ・プロセスのバランスが崩れている箇所に、心理ゲームやストローク、やりとりといったＴＡ理論を活用し、解決していくことができます。また、うまくいっていることがダイヤグラムで認識できると、それらを強化したり、再び問題に陥りそうになった時には、早い段階で対応が可能になります。

> **事例**
>
> 　営業に配属されて5年目、鈴木さんは同期の山田さんと一緒に、あるプロジェクトのメンバーに抜擢されました。企画から実践までを任されて、とてもやりがいを感じてここ数週間がんばってきました。

ある朝、前年のプロジェクトメンバーで、今年はメンバーではない3年先輩の石上さんが、プロジェクトの進捗を耳にしたらしく「ああ、ここはね、〜するといいよ。それから、ここもXXXの方がいいな」といきなり、ダメ出しと指示・指導を言ってきたではありませんか！

　鈴木さんと山田さんは、ここ数週間で取引先との調整を済ませ、2人の直属の上司にも報告済みでした。

　あっけに取られると同時に怒りさえ覚え、2人はやる気を失ってしまいました。

　「経験ある先輩だし、仕方ないよな〜〜」と言いながら、モヤモヤが残るばかり。

　そこで、鈴木さんは、ともこ先生に話を聞いてもらうことにしました。

《解説》

鈴木さん　石上先輩は何でも相談に乗ってくれる話しやすい先輩なんですけど、今回は違和感があるんです。山田さんもどうやら戸惑っているようです。

ともこ先生　石上先輩は、どういう気持ちで言ったのかしら？

鈴木さん　たぶん、自分達のプロジェクトを応援しようとして言ってくれたと思うんです。悪気はないとわかっています。でも、これが繰り返されると、先輩への不信感につながりそうで。

ともこ先生　そうね。ではマイナー内的グループ・プロセスのダイヤグラム（72ページ）を使ってみましょう。

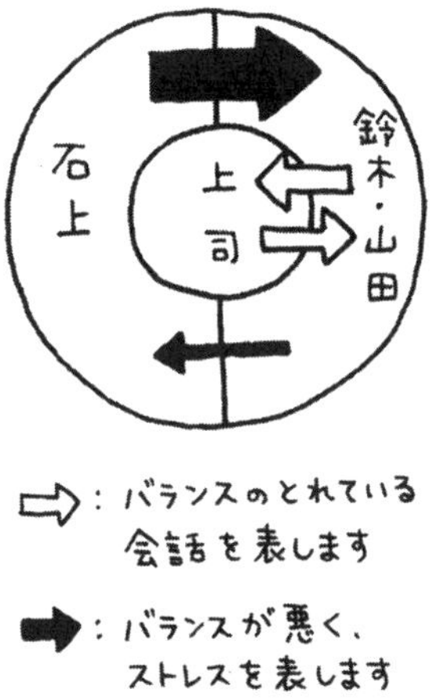

石上先輩はプロジェクトメンバーではないのに、経験者という立場から境界線を越えて鈴木さんと山田さんに、いきなり自分の意見を言ってきたのね。仕事熱心なのかもしれませんね。ダイヤグラムを描けるかしら？

鈴木さん こんな感じでしょうか？（図3-9）石上先輩は熱い人なので、どちらかというと、矢印は石上先輩からのほうが太くなります。

ともこ先生 うまく描けたわね！ 石上先輩は、鈴木さんと山田さんの領域に大きな圧力をかけてきたって感じですね。

鈴木さん はい、そんな感じです！

ともこ先生 2つの矢印が同じ太さになるには、どんな方法が考えられるかしら？

鈴木さん 気さくな方なので、山田さんと2人で一度、自分達の気持ちや考えを素直に伝えてみようと思いますが、どうでしょう。

ともこ先生 それはいいわね！

鈴木さん 僕らには、石上先輩の経験も必要に思います。

ともこ先生 そうよ。うまく活かせば、いい経験になるわよ！！

図3-9 プロジェクト・チームのダイヤグラム

　その後、石上先輩に気持ちを伝えたところ、石上先輩は、スーパーバイザーの役割で協力してくれることになりました。3名でディスカッションを重ねることで、昨年以上にいいプランが生み出され、成果を上げることができました。

> ＴＡ組織理論は、家庭から会社まであらゆる組織に活用できます。ダイヤグラムを描くことで、モヤモヤした組織の状態と自分の状態を視覚化でき客観的に見つめることができます。皆さんの身近にある問題をダイヤグラムにしてみましょう。よい方向へ導く方法が見つかると思いますよ。

3）配置ダイヤグラム（Location Diagram）

　バーンは、グループ・ストラクチャーでお話しした設営ダイヤグラム（33ページ）もLocation Diagramと表示しています。備品や場所についての配置を表すダイヤグラムで、例えば、研修会場の出入り口の位置や、窓の位置、時計をはじめ部屋の装飾関係のモノの位置、机を使用するのかしないのか等、会場内の備品の配置を示しました。

　一方、配置ダイヤグラム（Location Diagram）は、グループ・ストラクチャーで説明した関与する人達（名簿ダイヤグラム）と役割と人数（役割ダイヤグラム）と時間的割振り（スケジュール）を統合したダイヤグラムです。
　『人』については、「誰が」と「人数」が課題となり、『役割』に関しては、「どのような仕事」が課題となり、それらに『時間』的要素で「何時」などの課題が加わります。

　例えば、研修会場の設営担当、研修開催時のスタッフの配置、出勤シフト表など『人』に重きを置いた配置ダイヤグラムがそれに当たります。

> **例えば**
>
> 出店計画
>
> ピザ屋○○店　住所：大阪市中央区～　スタッフ3名
>
> など、支店や出張所の地理的な出店位置と、そこのスタッフの人数の過不足や能力を合わせて考えます。

> **例えば**
>
> シフト表
>
> 誰が、どこで、何時から何時まで働くかを示したり、各人の能力や時間帯等で柔軟に組み替えるリストが配置ダイヤグラムです。配置ダイヤグラムがうまく機能しなければ、内外部の不満や不安を生み、組織の存続にも影響します。

鈴木さんの発見！　配置ダイヤグラムはシフト表に活かせるぞ！

僕が学生時代にしていたアルバイト先で、シフト表の作成を担当していました。ビジネス街のファストフード店で、お昼の11時半から1時頃までが超忙しく、2時過ぎから5時頃まではダラダラと喫茶部門の商品が売れていたんです。

お昼の時間帯は、日本に来て間もない外国人を含むスタッフ数名が働いていました。

シフト表を作る時に僕が注意したのは、こんなところです！

★ 新人や日本語に慣れていない外国人の接客配置は、ランチタイム後のゆっくりした時間帯にする。

★ 忙しい時間帯は、接客及び、調理スタッフの人数を他の時間帯より多くする。

これをTAでは、配置ダイヤグラムっていうんですね！　能力や時間帯、配置場所などを総合的に見て配置することは、お店の繁栄や存続に大きく影響するんだなあ！　普段、何気なくやっていることがTAでは理論化されていて、「修正」や「強化」「指導」にも使えるんですね。

> 鈴木さんは、配置ダイヤグラムのとても重要なポイントを押さえていましたね。時間帯や場所、スタッフの能力や繁忙期なのかそうでないかというあらゆる情報を加味して対応しなくてはね。鈴木さんのバイト先での体験が、TA組織理論で整理できたわね！

4）座席ダイヤグラム (Seating Diagram)

　座席ダイヤグラムは、グループ内の人達がどこに座るのか、設営ダイヤグラムと共に考えるダイヤグラムをいいます。

　講習会、講演会等人が集まる場所であったり、関係する人達の仕事の内容や職務によっては、どこに座るのか（立つか）、またリーダーとの関係やメンバー間の関係、時期や時間帯等を含め考慮するダイヤグラムです。

　「席替え」は、仕事や勉強に集中する時の大きな変化のエネルギーを生みます。

　また、講習会や研修等を継続的に実施する場合に、受講者の座席位置を変える／変えない、講師の立つ位置を変える／変えないで、大きな変化や影響力を生むことがあります。

> **例えば**
>
> **金庫の場所**
>
> 多くの会社の財務・経理関係者や金庫は、安全対策上の配慮から事務所の出入り口付近より、少し奥まったところに位置していることが多いようです。

> **例えば**
>
> **会社主催のレセプション会場**
>
> 社長の立つ位置、得意先の社長の立つ位置…、これを間違うと、ギスギスした人間関係や組織の衰弱化を生むかもしれません。

鈴木さんの発見！　席替えしたら気分が変わった！

僕は、研修を受けに行く時は、いつも入口から遠く、講師から離れた席に座るのが癖になっていました。

ある時、講師に『いつもは座らない席に座ってみましょう！』と言われ、居心地悪く思いながらも自主的に席替えをしてみたところ、いつもより積極的に講師の話を聞いている自分を発見しました。

窓を背にする、窓の外を見ながら仕事をする、それだけでも大きな違いがあるんだなあって思いました。

どの位置で仕事や勉強をするかで、はかどり方や気分に違いが生まれますね！

5）やりとりダイヤグラム (Transactional Diagram)

　やりとりは、まさしく目の前で繰り広げられている2人の会話をやりとり分析（189ページ）を使って考察するツールです。

　私が経営者や管理職の人達からよく耳にするのは、「会社がうまくいかない」「従業員がすぐに辞める」「私の言うことを理解してもらえない」「○○さんとうまくいかない」といった言葉です。

　それらは目に見える結果です。こういう時は「問題を生む原因は何だったのか」を一緒に考えます。つまり、**それらの問題を生んだのは、誰と誰の、どの時点での会話（やりとり）なのか**という問いかけです。そこで、ＴＡ心理学の基盤といわれる「やりとり分析」（189ページ）が活躍します。どんなやりとりをしていたのかという問いかけから、「心理的ゲーム」（195ページ）をしていたことに気づいたりもします。

　グループ・プロセスダイヤグラムを描いてみて、バランスが崩れていると思われる箇所から検証していくと、視覚的にも情報が入りますし、より効果的に問題を解決できる可能性が高まります。あるいは、問題がまだ目に見える形になっていなくても、自分と目の前の人とのやりとりを振り返ってみることで、まだ小さいうちに問題を発見できたり、改善することも可能です。

❷ リーダーシップ
Leadership

　ここでいうリーダーとは、組織を率いる人あるいは指導者をさします。また、リーダーシップとは、リーダーあるいは指導者の任務／統率力をいいます。

　日常的に組織あるいは、グループがうまく機能している時、自分達は「いいリーダーに恵まれた」という言葉を用い、評価をすることがあります。反対に、

組織が何らかの理由で崩壊すると、「リーダー不在の組織」と批判することもあります。

世間では、リーダーシップ研修が多く開催されており、リーダーシップのあり方が重視されています。グループがうまく機能し、グループや組織が継続・成長するためにリーダーは欠かせません。リーダー並びにリーダーシップをTA組織理論で見てみましょう。

1）3つのリーダーシップ機能（Three Functional Leaderships）

エリック・バーンは、リーダーのあり方、役割について触れる中で、グループが存続するためには、必ず3つのリーダーシップ機能が必要であると述べています。

3つとは**【責任をとるリーダー】【成果を出すリーダー】【心理的（精神的）リーダー】**で、それぞれの機能に加えて、**目標**もグループ存続のためには必須とされています。これら3つのリーダーシップ機能についてお伝えしましょう。

①責任をとるリーダー（Responsible Leader）

責任をとるリーダー（リスポンシブル・リーダー）は、権威者ダイヤグラムの上位に位置し、社長、会長、学校長や課長など、役割を示す肩書きがついていることが多いです。

組織のゴールを設定し、目標を明確にできる人として欠かせない存在です。指導ができ、意思決定を求められ、その決定に責任を負います。問題が起こった時や成果が出た時、自分よりさらに上位の権威者に報告する義務があります。

知識や経験などが他者より豊富で、人望

があり、問題解決能力や、周囲に伝えるプレゼンテーション力がある場合は問題ないのですが、組織自体が大きくなると1人でこなすには難しくなる場面も生まれます。

情報を独占する人や方針に一貫性のない人、責任をほかの人のせいにする人（責任転嫁）などは、うまくいかないリーダーの典型です。

例えば、学校という組織を考えてみましょう。

学級（クラス）という単位を最小組織とすると、そのクラスで何らかの問題や嬉しい出来事等があった場合、クラス委員（長）が担任の先生に報告します。担任の先生にとっては、学年主任がその上の責任をとるリーダーです。そして、報告を受けた学年主任は、その上の教頭先生への報告が義務となります。教頭先生は、校長先生への報告、そして教育委員会、文部科学省への報告の義務がそれぞれに発生します。

校長先生は、4月の入学式や始業式で学校の教育理念や今年の目標などを、全校生徒と保護者の前でお話しします。教頭先生や主任の先生達も、年度や学期ごとの目標を発表します。学級担任は、今週の目標や、今日の授業の目標などを立てます。

どの時間的単位であっても、その場には責任をとるリーダーが存在します。リーダーの不在は、その組織に何らかの不具合を招きます。例えば、何かの理由で突然担任の先生を失ったクラスは、しばらくの間、生徒達は落ち着きがなく問題が生じやすくなります。

②成果を出すリーダー（Effective Leader）

成果を出すリーダー（エフェクティブ・リーダー）とは、文字通り成果を作りだす指導者をさします。先述の責任をとるリーダーとは別の人の場合もあります。

成果を出すリーダーは、状況判断、情報収集・分析を行い、現実に指示をする人で、その指示が、責任をとるリーダーと異なった指示であっても、グループ内の人達は、この成果を出すリーダーに従う場合が多いです。問題や疑問が発生した時は、この成果を出すリーダーが応えることが多く、その意見や指示は尊重されます。
　組織を構成しているメンバーそれぞれの個人構造（39ページ）において中心的な存在になる人で、バーンは「成果を出すリーダーは非常に重要かつ、大切なポストである」と述べています。

　私達がある組織や、場面、状況にいる時、「どの人から、ストローク（192ページ）がもらえるか」は重要課題のひとつです。その際、それぞれがもつ個人構造が重要になります。
　つまり、組織の構成員の多くが、成果を出すリーダーとつながり、そこからストロークをもらえる環境であることがとても重要です。「この人のために自分は働きたい」「この人からストロークをもらいたい」「この人に認めてもらいたい」と思わせるリーダーが、成果を出すリーダーの気質のひとつともいえるでしょう。

　単一のグループ内で、組織構成員が認める成果を出すリーダーが複数人存在すると、誰の指示に従うのか、誰に報告をするのかわからず、複雑なことになるのはおわかりいただけると思います。そのグループは、バラバラに行動することになります。一人ひとりの権限や役割の明確化が大切です。

③心理的（精神的）リーダー（Psychological Leader）

　心理的リーダー（サイコロジカル・リーダー）は、3つのリーダーシップの中で最もパワフルな存在といわれています。現場では特別な役職名がない場合も多いです。

　組織構成員の私的構造（49ページ）で強く存在感を示します。各個人にとってのカリスマ的な存在で、物事の判断基準となる人です。

　組織の創造的なエネルギーは、各自がもつ心理的リーダーから生まれるといわれています。つまり、目の前の課題に対応・対処する際に「あの人だったら、今のこの案件にどう対応するだろうか？」と自問し、その局面をクリアするエネルギーの源となる存在が心理的リーダーです。

　心理的リーダーは、全知全能、不死負傷、魅力的、清廉潔白で、誘惑されず、根気があって、恐れを知らないなど、『神：God』あるいは、アイドルのような存在として思い込まれることが多いのも特徴です。責任をとるリーダーや成果を出すリーダーと兼任することもあります。

　ひとつの組織やグループ内で複数人達が同じ心理的リーダーをもつこともあれば、グループの構成員一人ひとりが異なる心理的リーダーをもっていることもあります。

> **コメント**　〜ともこ先生の体験から

私達が、国際TA協会の資格取得のためにTAトレーニングを重ねていた時です。

同期の1人の研修生が、私達のトレーナー(Val Garfield女史)に「〜〜な場面で、私はどう対応していいのかわからなかった」と報告しました。その時、彼女はニヤニヤしながら、「私は、同じような場面でどのように対応していましたか？」とその研修生に尋ねました。一同、瞬時にして「ひらめき！」ました。つまり、そのような難局で心理的リーダーを活用できるかどうかを問いかけていたのです。

Valは、その研修生の心理的リーダーがVal自身だと知っていたので、その研修生が現場でどう対応していいのかわからない時は、Val自身のやり方を思い出しなさいという指導でした。

もし、自分自身の中に心理的リーダーの心当たりがない場合は、「こんな時、お父(母)さんはどうする？」「こんなことが知れると上司の○○さんに叱られるだろうな」という判断基準になる人を探しましょう。

自分がお手本としたい人や規範とする人(Role Model：役割モデル)も心理的リーダーといえるでしょう。

ワーク

日常で一番小さな組織「家庭」にも、3つのリーダーシップ理論は当てはまります。

読者の皆さんそれぞれのご家庭を振り返ってみましょう。

①あなたの家庭を振り返ります。

まずは、『あなたの家庭』（家族や今現在同居している人達を含んでもOKです）を頭に浮かべて、その人達の名前を書き出します。

例：祖父母、叔父、叔母、父親、母親、姉、兄、自分自身、弟、妹、その他同居人等。

②書き出したメンバーから、次の設問に当たる人を選びます。
- 責任をとるリーダーは、誰ですか？　（　　　　　　　　　）

　なぜ、彼（彼女）が責任をとるリーダーだと思いますか？

　その理由、出来事

- 成果を出すリーダーは、誰ですか？　（　　　　　　　　　）

　なぜ、彼（彼女）が成果を出すリーダーだと思いますか？

　その理由、出来事

- あなたの心理的リーダーは、誰ですか？　（　　　　　　　　　）

　なぜ、彼（彼女）が自分にとっての心理的リーダーだと思いましたか？

　その理由、出来事

- 何か、気づいたことはありますか？

※最初に書き出した家族メンバーの中に、心理的リーダーが見当たらず、友人やその家族メンバー、本や映画等の中に見つける場合もあります。

> 活用のヒント！

家族がもめている、何か落ち着かない状況等が続いているとしたら、その状況下で、これら3つのリーダーシップが存在しているかどうかをチェックしてみましょう。解決策が見つかるかもしれません。

2）3つのP：許可、保護、効力（3P's：Permission, Protection, and Potency）

【3つのP】の概念も、リーダーに求められる能力です。

もともとは私達のスクリプト（人生脚本：197ページ）と関係し、セラピストがクライアントに対してもつべき能力としてまとめられた内容でしたが、教育や組織の分野でのリーダーのみならず、家庭内や人と接する時に求められる能力でもあります。

次の枠内は、TA理論家のパット・クロスマン女史（Pat Crossman）がセラピー現場での能力としてまとめた3つのPについて説明しています。例は、教育や組織の場面を想定しています。

①許可（Permission）

【許可】とは、禁止令やそれをベースにした悲劇的なスクリプトを削除（キャンセル）するためのものです。
もともと、【許可を与える】というのは、セラピーでセラピストとクライアント間の、ある時点で起こりうる特殊なやりとりで、セラピストがクライアントの行動や態度の方向性を変えるきっかけを生むものです。
通常、悲劇的な結末を含んだスクリプトや禁止令は、養育者から非言語で発せられた禁止令をベースに、子どもが幼い時期に決断しています。許可は、セラピストがそれら禁止令や悲惨なスクリプトをキャンセルするのに効果的な働きかけをします。この場合、それら養育者よりセラピストは影響力をもつ人でいる必要があります。

許可は、自律的行動を促進する親的ライセンスとか、親からの禁止令に従わないあるいは、禁止令を手放すことを許すライセンスともいわれています。

　影響力をもつ人から与えられた、例えば自分を制限したり、否定することを和らげることができます。

(許可の例)

- 肯定的ストローク
    - 例：うまくいってるよ／女性(男性)らしいね／会えて嬉しい！／弱音を吐いてもいいよ
- 自分の体験、過ち、勝利、成功、問題などを分かち合う
    - 例：私も、子どもに八つ当たりをしたことがありました／みんなの協力を得て、プロジェクトを成功させましたよ
- 突然の脅かしや悪ふざけはない
    - 例：お付き合いしている中で、突然「別れよう！」と言いながら「冗談だよ！」というような悪ふざけをしない
- 「やれるよ」「やってもいいよ」というメッセージ
    - 例：甘えてもいいよ／私を乗り越えてもいいよ／幸せになってもいいんだよ

②保護 (Protection)

> 食べ物を与えたり、身体的に癒したり、刺激を与えたりして相手を健全に生かすための行為です。子どもが幼い頃は、身体的、物質的、経験的、すべてにおいて無力なので、親やそれに代わる人達から食べ物を与えてもらったり、身体的に癒されたり、守ってもらったりする必要性があります。それらを【保護】あるいは、【保護してもらう】といいます。適切にストローク（関わり）され、安全であるという感覚は、周囲への興味を触発し、身体的、知的に発達することを促すためにも必須です。

安全の確保、予測性、承認、保護などは安心感を生み、保護の基本です。
（保護の例）
- 予測性や存在の承認
    例：ルールやゴールを明確にしたり、決められた計画、スケジュールを守る、挨拶や出席の確認
- 安全性の保護
    例：必要であれば「ノー」と言ったり、危険な事柄から守る行為や注意
- 承認の保護
    例：穏やかな、ゆっくりとしたペースでの関わりや、いろいろな感情表現の承認

③効力（Potency）

> 【効力】とは、許可を与える時に必要とされる能力（パワー）をいい、より多くの情報や知識の提供とそれらを与えるタイミングが効力を高めます。
> セラピーの場面では、セラピストはより多くの的確な情報を提供したり、間違っていることを指摘したり、またクライアントが親との関係の中で決断した禁止令に従わなくても済むように、親よりもパワフルであることが必要です。
> セラピストは、アダルト（A）からクライアントに「禁止令に従わなくてもよい」と許可を発信しているようにみえますが、じつはクライアントはそのメッセージをセラピストのペアレント（P）からのメッセージとして、クライアントのチャイルド（C）で聞いていることも多いです。
> 従って、クライアントの（C）が、セラピストのことを自分の実際の親達よりもよりよく、より強く、より効果的であると信じる必要があります。この（C）が安心して、メッセージを信じる、聴く体制にもっていくパワーが効力です。

「この人と価値観が合うから一緒にいる」というような、なぜ、この場／この人／このグループにいるのかの理由が、効力につながります。例えば、研修の講師が部屋に入って来る瞬間から、受講者は、講師に効力があるかどうかを意識あるいは無意識レベルでチェックしています。一般には最初の20秒程度で効力があるか決まるといわれています。効力の基準は、個々人で異なります。
（効力の例）
- 姿勢、歩き方、服装、話し方
    例：背筋を伸ばした立ち方や歩き方、清潔な服装や落ち着いた話し方は、聞き手を惹きつけます。
- 直接的あるいは、間接的に関わる、それら関わり方
    例：関わり方がワンパターンでなく、近づいたり、離れて見ていたり、真剣な時や、ユーモアあふれる時もあったり、情熱的に自分の伝えたいことを伝えるなど
- 相手と「今ここで」一緒にいる
    例：相手の話を、主観（自分の考えや評価）抜きで聴きます。

> 活用のヒント！
> 職場や友人との人間関係や家族関係が崩れている時、3つのPの存在を確認することで解決の糸口が見えてきます。

鈴木さんの発見！　一番身近な組織の「実家」で3つのPを探してみました！

僕が実家で発見した3つのPについてお話しします。
①許可：両親はいろいろ相談に乗ってくれますね。直接的に「幸せになって欲しい」とか「なんでもチャレンジしろ」と言ってくれています。親父の失敗談を聞いた時は、なんだかほっとした覚えがあるなあ。

②**保護**：帰郷した時、僕が好きなものを作ってくれたり、ふわふわの布団を用意してくれたり、「守られている」って実感します！　ほかに約束はキッチリと守ってくれたなあっていう記憶があります。

③**効力**：やっぱり、家族というだけで親の言うことは気になるし、パワーはありますね。時には、耳の痛いことも言われるけれど、「心配してくれている」って感じます。会いたいと思ったり、心配になったり…。一緒に笑い転げることもありますよ！　そんな時、「この両親の息子に生まれてよかったなあ」と思います！

3）5つのP：許可、保護、効力、練習、直観力
（5P's：Permission, Protection, Potency, Practice, and Perception）

　パット・クロスマン女史（Pat Crossman）の3つのPに、レイ・ポインデクスター（Ray Poindexter）は、4つ目として『練習：Practice』を、ジーン I. クラーク女史（Jean I. Clarke）は、『直観力：Perception』を5つ目に加え、【5つのP】として1996年にTAJ（Transactional Analysis Journal）に発表しました。5つのPは、教育現場や、仕事現場での指導に大切な概念として活用でき、リーダーにはこの5つのPが必要といわれています。具体的に見ていきましょう。

①**許可（Permission）**：その組織の関係者や講習会の参加者それぞれに与えられるもの
- 問題や課題について、あるいはそれらの内容について考えてもいい、発言してもいい許可

- 自分、あるいはその現場にとって何が必要なのか、助けになるのか、役に立つものなのか等について、自分が決断してもいい許可
- 提案された事柄や課題等を採択する、あるいは不採用、順応するのかを決めたり、断ったりできる許可

②保護（Protection）：時間や空間に関連する制限のある保護
- グランド・ルール（185ページ）を設定することにより、講師（リーダー）と参加者（フォロワー）を保護する
- ある組織に、外部研修講師 / コーチ等として関わる場合は、自分が組織外の者であることを明確にしておく。その組織や研修内容に準じる以外の保護はできない旨を明確にしておく
- 参加者自身が自分を守るために、自分の行動や発言を自分で制御する必要があることを伝える

③効力（Potency）：内容（コンテンツ）と工程（プロセス）の組み合わせの能力
- 的確なカリキュラムやスケジュールの表示：全体像の把握はもちろん、その時の課題や問題解決に役立ち、簡潔に理解できる段階が示されるようプログラムを組み立てる
- 関連した、役立つ資料や情報の提供
- コントラクトを結ぶ、そしてその保持（コントラクト：114ページ）
- 講師の専門家としての知識の領域（専門性）を明確にする。不明瞭な要請や内容に関わらない
- 学習理論を理解し、成人がどのように学ぶのか2〜3の異なる学習スタイルをチェックし、異なる教育法や参加者の好みに備える
- 速度を速めたり、緊急時に対応できたり、受講者の状況に合わせて対応できるよう準備をしておく

④練習（Practice）：直接的な体験を練習する機会を作る
- 安全な場での新しい行動を試してみる機会や、新しい習慣を身につける機会を提供する（練習の機会）
- 参加者が適切かつ、うまくできたと思えるまで、あるいは必要と思うまで練習（実践）できるよう奨励する。練習する機会がないまま日常生活に戻ると、参加者は学習した内容をプレッシャーや危機として受け止め、学習内容を喪失（なかったものと）してしまう

⑤直観力／鋭い理解力（Perception）：現実に起こっていることへの気づきとその対応
- 状況に合わせて、ゴールの変更
- 新しいプロセスの創案、提案、実施
- 救助をやめる（必要以上にヘルプをしない）、変化を待つ
- 現状維持をしている時に、加速させるような支援（ヘルプ）をしない

　直観からの気づきによっては、講師（指導者）はコントラクトを打ち切る必要が出てくる時もあります。なぜなら、講師（指導者）は直接的に成果を出す立場でないことがあったり、その組織の仕組みを理解し、変更などはできないかもしれないし、あるいは単純に継続するだけの情熱やエネルギーをもっていないかもしれないからです。

　1975年にヘッジ・ケイパー（Hedges Capers）がレクチャーの中で「セラピストは、クライアントに対

して治療不能（不治）とは決して言わない」と言いました。そこでセラピストは、「今日、私はこのクライアントが自分自身を治すために役立つツールをもっていない」と言いました。教育の現場で仕事をするTA実践家達も、「今日は、そのツールをもっていない」あるいは「その点については熟練していない」など、伝えることが大切です。

鈴木さんの発見！　わが社に5つのPを当てはめてみました！

【5つのP】は教育現場を前提として発表されましたが、会社組織にも十分、活用できる内容ですね。それぞれ具体例を挙げてみると…、

①**許可**：課題や企画について考えて、相談や発表する許可。何が必要で、何が不必要かを考えて、発言する許可。与えられた仕事やタスクを鵜呑みにするのではなく、考え、相談しながら選択できる許可。

②**保護**：労使双方を守るための社則（給料日、有給、残業についての決まり等）。仕事ができる安全かつ快適な環境の確保。

③**効力**：この人と一緒に仕事がしたいと思える人がいる。そんな人に出会えるチャンスがある。会社の理念、倫理観、仕事の内容や上司のスキル、人格に安心や魅力を感じる。

④**練習**：研修のシステムがある。上司と同行で営業に行く。失敗した時にフォローのシステムがある。

⑤**直観力**：フィードバックや報告・連絡・相談等ができ、現状を知るためのコミュニケーションシステムがあり、常に効果的な方法や手段を相談できる。成果を明確に把握・承認してもらえる。それらを包括的に見守る上司がいる。認知システムがある。

などがありますね！

> 鈴木さんは5つのPをよく具体化できましたね。理想の会社です。5つのPが浸透している会社では、社員のやる気が起こったり、離職率が下がったり、よい変化が見られるようです。社員が何も言わない、アイデアが出ないという会社は、『許可』の存在（言語と非言語レベルで）を見直すところからスタートしてみませんか。

❸ 組織文化
Organizational Culture

1）グループ・カルチャー（Group Culture）

　組織を理解するひとつのアプローチとして、その組織の文化（グループ・カルチャー）があります。社会の中の集合体は、それぞれに文化（カルチャー）をもち、その文化は組織内外に大きく影響を及ぼし合っています。

　例えば、小売業の中には、百貨店（ひとつの組織）もあり、同時に百円均一ショップ（もうひとつの組織）も存在します。お店の立地や坪数、設備や照明、扱っている商品、それらの陳列スタイルも異なります。

　その組織で働いている従業員や買い物をする人達にも、組織の個性や特徴が反映、影響し合います。それら固有の特徴をその組織がもつ【**グループ・カルチャー**】と呼びます。グループ・カルチャーは、その組織外部の人達にも大きく影響を与えます。

　グループ・カルチャーは、その組織特有の価値観やその組織内で許される行動や活動、組織内外の人への対応の仕方、特有の表現方法などをもって

います。

　例えば、銀行に勤めている人達と、音楽やエンターテイメント関連の会社に勤めている人達とは、使う言葉や服装、立ち居振る舞いに大きな違いがあると想像できます。また、同じ飲食業界でも、和食とイタリアンでは働く人達が異なった雰囲気をもっていたり、同じ和食のお店でも千差万別の組織文化が存在するといえます。A会社とB会社の雰囲気の違い、価値観の違い、これがそれぞれの会社の組織文化（グループ・カルチャー）の違いといえます。

　私達一人ひとりは、仕事を離れれば、仕事場でのカルチャーとは全く別のカルチャーに溶け込み、活動、生活をしています。

　自分達が関係する組織文化を視覚化、明確化することでグループや組織がもつ価値観等を分析し、特徴、強みや弱みを認識することができます。また、グループ・カルチャーの分析と診断は、修正や強化を必要とする箇所を理解し、改善策を考えることから始まります。これらグループ・カルチャーは、グループ・プロセスでお伝えした、外圧に対応（結束力アップ）するための具体的プランの判断・構築基準になります。

　ひとつの組織がもつ固有の文化をその組織独自の個性として特化・強調することが、ブランド化（ブランディング）になります。

鈴木さんの発見！　僕達は、あらゆるところで組織文化に触れていた!?

　確かに、その組織やお店固有の文化を感じますね。
　例えば、食事に行く時、ジャケット着用とか、カジュアルでいいとか服装を気にします。レストランがもつ「文化」は、お客さんの私達にも大きな影響力をもっているわけですね。
　店のスタッフの対応や料理の味、価格によって、客層が変わりますね。

来られるお客さんの雰囲気が変わったり、社会的・経済的変化なども影響して、そのお店の文化も少しずつ変化することがあります。組織独自の文化を守ったり、意図して変化させることも大切ですね。会社を法人と呼ぶのだから、会社も「人」としての人格をもつと仮定すると、自我状態があってもおかしくないし、組織の自我状態の表れ方に変化をもたらすこともできますね。なんだかますますＴＡがおもしろくなってきたぞ！

組織文化は、その組織の人格構造（Personality Structure：3つの自我状態、187ページ）を基本に考えることが最も取り扱いやすいといわれています。

> ①伝統（グループ・エチケット）（P）‥‥‥‥‥過去のデータをベースにした判断基準
> ②合理性（テクニカル・カルチャー）（A）‥‥‥現状把握と次への行動
> ③情緒感情（グループ・キャラクター）（C）‥‥どんなワクワクがあるのか、忠実さや、仲間意識を生みだすところ

具体的に、あるフランチャイズ制の塾を例に見てみましょう。

本部からの決まりごととして、この塾の教育方針や教室運営指針や方法、教室内のおすすめルール等が伝えられ、各教室で守られています。（伝統）

「〇〇については、ここではこのようにします。①〜〜、②〜〜」と、教室運

営のやり方や問題解決手順等が具体的に定められています。これによって、講師も生徒達もやるべきことが明確になり、計画性が生まれます。(合理性)

各教室では、子ども達のモチベーションの維持とその強化のために、年に何回かのお楽しみ会や、各教室で異なる息抜きのためのイベントを企画、実施し、やる気が出るようにストロークを積極的に与えるなど、勉強の継続性を高めるために工夫されています。(情緒感情)

このように、伝統(P)と合理性(A)でフランチャイズの本部組織の文化ややり方を伝えています。それによって、フランチャイジーは内容の統一感を保つことができ、講師達は自分なりの(C)を加えることで、各教室の特色を生み出し、各教室特有の文化ができあがります。情緒感情(C)では、各フランチャイジー個人のパーソナリティーが大きく影響します。組織の(P)(A)(C)を詳しく説明しましょう。

①グループ・エチケット(Group Etiquette:組織の行動規範)

【グループ・エチケット】は、他の組織との差異を明らかにする組織内部の行動基準です。

過去の習慣、伝統や、概念を基盤にした仕組みで、組織内の人達は、どのように行動すればいいのかを知ることができます。「伝統」とも呼ばれます。人格の(P)と同じように取り扱われます。

一般的な社会的作法や行動基準を基本にしています。一般的作法とは異なるが、その組織で決められている作法や伝統も含まれます。それら定められたやり方で対応すると、内部はもちろん、外部の人達にもおおむね失礼なく、受け入れられます。

グループ・エチケットは、基本的にはその組織の存在意義を明確にしています。例えば、「ここでは、こういうこと(製造販売、サービスの提供、教育…)をしています」と明言しています。

それに伴う行動の基準や、人物の紹介時に受け入れられる紹介方法、他者とのやりとりの始まり方や進め方、話し方なども含まれます。それぞれの組織は、独自の特徴あるいは基準、人物の表現の仕方、立ち居振る舞いや仕事のやり方など、お気に入りの方法があります。通常、伝統的で継承されますが、社会の変化や特殊な状況下でゆっくりと変化することもあります。

> **鈴木さんの発見！** 　**会社での僕、お茶室での僕が違う理由がわかったぞ！**
>
> 僕が、一時期通っていた茶道教室では、お茶室での行動基準や言葉づかい、立ち居振る舞い等がキッチリ決まっていました。自分でもおかしくなるほど、お茶室内の僕自身と会社や他の場所での自分自身の振る舞いが異なりました。ひとつの組織、ここでは茶道教室ですが、そこがもつグループ・エチケットの影響力ってパワフルですね。

②テクニカル・カルチャー（Technical culture：問題解決方法や合理性）
　【テクニカル・カルチャー】は、その組織が仕事を遂行するにあたってのやり方、進め方の基準を明記したもので、物理的道具、機械、装置、システム等も含まれます。
　人格の（A）と同様に扱われます。台詞でいうと「〜は、こうしてするんです」といった内容です。

　それぞれの組織やグループの現場で重要な制作、生産方法、技術の保持、判断基準、知的財産や知的生産等に必要な理論的で合理的な考え、やり方の基準、システムをさします。技術習得、スキルアップのための社員研修、新人研修、管理職研修等も組織内でのやり方や情報を伝えるという意味で、このテクニカル・カルチャーの部分に含まれます。

> **鈴木さんの発見！** 古典芸能を見に行ったら、組織の（A）を発見！

この間、日本の古典芸能を鑑賞に行った時の話です。

事前申し込みが電話のみで、あとは当日に受付窓口で支払うというシステムでした。

一緒に行った友人と、「いまどき、電話のみの受付で、チケット代も当日って珍しいよね～」と、少々批判気味に話していましたが、その会場に着いて、納得しました。

なぜって、受付前に並んでいた人達のほとんどが、平均年齢70歳は超えている人達だったんですよ。

恐らくインターネットや事前支払いより、「電話予約」「当日支払い」のシステムの方が、顧客に合っていると、この組織は判断したんですね。なんでもかんでもインターネットという判断ではないんですね。まさしく、「私達は、～～のようなやり方で運営しています」（テクニカル・カルチャー）で、このやり方が合理的なんですよ。

こんなふうに、現場からの情報を収集して判断する組織特有の基準やシステムですね。人でいえば（A）の仕事ですね。

③グループ・キャラクター（Group Character：情緒感情・仲間意識）

【グループ・キャラクター】は、組織の（C）の部分をさし、人格の（C）と同じように扱われます。

バーンは、「このグループ・キャラクターの多くは、（C）ベースであり、本能的／直観的／生命力の直接的表現」と言っています。一般的なグループ・エチケットから外れたルールで、その特殊なグループのみに許可されるものであったり、素朴であったりします。行動、言語、感情表現すべてを含み、時として部外者には驚きとなることもあります。
「誰と、何がしたいのか／したかったのか？」に大きく影響するパートです。

鈴木さんの発見！ （P）（A）（C）の成長とバランスが組織発展の決め手！

鈴木さん 僕の知っているお店で、「美味しいモノが好きだったから！」という理由で飲食店を経営している人がいるんです。経営も順調で、従業員の教育も行き届いているお店なんだけど、新しいメニューを決める時や、新しいチャレンジをする時、経営者や従業員が「好きだから」とか「売れそうな気がする」「直感で！」なんてことを平気で言って決定しているようです。驚きですが、結構うまくいくんですね。この組織の人格構造は、次のようになりますね。

（P）：飲食店〇〇。こんな場所で、こんなサービス、こんな雰囲気。これだけは守る…。味の管理や接客コンセプト。
（A）：よりよい食材を求め、工夫された調理方法で美味しい料理を提供する。経営・収支の管理。具体的接客スタイル。
（C）：新メニューを決める時は、オーナーの主観、気分次第！

ちゃ〜んと、（P）（A）（C）、つまりグループ・カルチャーの3つの要点が揃っているから、組織が存続するんですね！

ともこ先生 そうですね。例えば、（C）が勝ち過ぎて（P）（A）が育って

いない組織だと、「これがやってみたい」と気分で言って、いろいろな方面に手を出したり、「適当で…」などが通例となるようなポリシーのない組織になる可能性があります。飲食店ならメニューや味がコロコロ変わることがあるかもしれません。また、金銭感覚も大切ですね。（P）（A）（C）の健全な成長とバランスが、組織の存続にも大切です。そのバランスは業種によって変わります。例えば警察は（P）が高いなどが挙げられます。

2）組織文化の分析（Organizational Cultural Analysis）

　グループ・カルチャーを視覚化、明確化するために、複数の関係者にインタビューすることから始めます。

　ここで、組織文化を明瞭にするための質問票をご紹介します。代表的なサンプルなので、自分達の組織に合うようにアレンジして使ってみてください。

　部外者へのインタビューは、その組織文化の外部への影響レベルを知るツールになります。

　質問票に出てくる【ビリーフ・パターン】について説明しておきましょう。

　ビリーフとは、信念・信条・思い込みや、自分で当たり前と思っていることをさします。それらが自分の根底にあるため、外部からの刺激に対してパターン化した反応を取りやすくなります。それら自分自身や組織の典型的なパターンを、ビリーフ・パターンといいます。

(1) グループ・エチケットを知る〔パート1〕

組織を維持するビリーフ・パターンを知ることができます。(ビリーフ・パターン：104 ページ) 他の組織との違いを明確にしたり、外部からの圧力に耐えたりする指針です。

1. 創始者及び、今現在の指導者の観点から次の事柄に関してどのようにあなたは応えますか？
（あなたが、創始者や指導者になったつもりで、インタビューに応えてみてください）。

　①あなたの組織について、あなたはどう説明しますか？　どんな組織と答えますか？
　　あなたの組織は何を大切に考えていますか？
　　　　例：礼儀に厳しい、従業員を大切にする、安全重視、明るい社風、上下関係が厳しい／緩い、最新の情報を大切にする、時代の先端をいく企業である、安価なモノを大量販売、高級品のみを取り扱う、など。

　②同業の他の組織について、どう思いますか？（競合相手のこと）
　　　　例：わが社と同様に厳しい状況下である、他社はより儲けている／自社は儲けている、負けてはならない、他社に追いつくことはできない、品質／デザインでわが社がダントツでトップを進む、など。

　③該当する業界の現状や、将来性についてどう考えていますか？（過去、現在、未来という観点で応えてみてください）
　　　　例：いずれは、統合／淘汰していく、海外に大きく影響を与える、品質を変えず継承し続ける、他部門の発展が求められる、など。

2. あなたの組織において重要な価値観は何ですか？
　　　　例：売上、生産性、利潤、顧客満足、スピード、安全性、自然保全や自然活用、社会貢献、会社の成長、人材育成、世界進出、創造、新商品開発、顧客満足、ステータス、など。

3. あなたの組織においての迷信（伝説的事柄、重要視される条件・状況など）は？
　　　　例：〇〇年に一度は××になる、～～時には新商品を市場に出すべき、お客様は必ず安価なモノより品質で選ぶ、2月と8月は暇になる、××時は忙しい、など。

4. あなたの組織においてのカノン（基準・規範・ルール・規律など）を思いつくままに書いてみましょう。（明示されているもの、不明示も含みます）
　　　　例：〇〇さんがミーティングに登場すると、参加者一人ひとりに意味を求められる。
　　　　　　ここでは学歴ではなく、実績で認められる。
　　　　　　新入社員は始業時間より30分前には出社する。
　　　　　　防災訓練は全員参加行事である。
　　　　　　4月の桜の季節には新入社員が花見の場所を確保に行く。
　　　　　　倫理綱領がある。

(2) グループ・エチケットを知る [パート2]

　組織の受容あるいは、非受容的な行動を明確にする行動パターンを知ることができます。
例：仕事の進め方、人間関係、言葉づかい、挨拶等の行動、感情表現、服装、毛染など。

1. 組織内で、受容できる／許される行動は？
　　例：服装は自由、発言は許される、名前の呼び方「〜様」、休暇をとる、育児休暇の取得、など。

2. 組織内で、受容できない／許されない行動は？
　　例：遅刻、社内恋愛、自由な発言、ラフな服装、など。

3. 人と人との関係におけるスタイル、パターン及び、特徴は？
　　例：上下関係や同僚間のつながりを大切にしている、小グループで分かれている、派閥がある、横のつながりはない、アフター5の会話は重要／なし、入社時に「バディー」システムがある、など。

4. マネジメント（管理者）のスタイルを説明／表現する5つの言葉は？
　　例：厳しい、自由放任、鶴の一声で決まる、チャレンジを許す／許さない、贔屓（ひいき）がある、ありがたい存在、おせっかい、丁寧に指導してくれる、など。

5. 非生産的と思う行動パターンは？
　　例：朝礼での長い挨拶、何でも全員でする、用件をメールのみで済ませる、飲み会、おせっかい、など。

6. この組織の中でどのような行動をとるかについて、新人にどのようなメッセージが与えられますか？
　　例：○○さんには、一番に報告しておくこと。XX部長は社内外関係なく時間に厳しい人、電話は呼び出し音3回以内で取る、など。

7. この組織は、次の事柄についてどのような行動をとりますか？
　　・女性／男性　　　　　・ボランティア
　　・育児休暇／介護休暇　・省エネ
　　・残業　　　　　　　　・その他

(3) テクニカル・カルチャーを知る

テクニカル・カルチャーは、問題解決や能力の基準を設定する技術や、システム＊に関連しています。この組織では、具体的に何をするのかを調べます。
＊システム：誰が見ても、公平に理解できる基準や仕組み、表やグラフ、手順をいいます。

1. 問題解決：この組織の問題解決への取り組み方
    ①問題発見や課題提案については、積極的である／積極的ではない
       例：特別の部門がある。
           発見や提案は取り上げられる。
           握りつぶされる。

    ②問題や課題についての本質を明確にすることについて、積極的である／積極的ではない
       例：今後の重要課題として取り扱うのか、単純に処理するだけなのか。
           問題発見やお客様からのクレームは、組織の成長への可能性と見るのか、絶対にあってはならないので発掘したくない、恥だと受け止めるのか。

    ③危機やストレス時での問題解決のスタイルは？　何が基準ですか？
       例：危機時の的確なマニュアルがある／ない。
           専任チームが対応する。
           社長や部門長が対応する。
           特にない。

2. 能力／技能／スキル／成果は、何によって定義されますか？　明瞭な基準はありますか？
       例：営業成績（数字で決まる）、組織外からのフィードバック、上司の評価、資格取得、研修履修、オーナーの判断、レポート、社内試験、など。

3. この組織においての管理システムは？　明瞭な基準はありますか？
       例：時間管理（納期や作業時間等）、経費管理、給与管理（賃上げや特別報酬等）、就業管理（就業・残業時間数等）、成果管理（目標達成等）、健康管理（健康診断や職場環境の安全対策等）、など。

4. この組織においての成果の認知システムは？　明瞭な基準はありますか？　（上記3と関連します）
       例：面談、数値化した成果の認知や評価、昇進試験、資格申請、勤務時間、残業時間数、など。

5. この組織においての拘束システムは？　明瞭な基準はありますか？
       例：倫理綱領、残業・経費・行動等を記載した社則、など。

(4) グループ・キャラクターを知る

　グループ・キャラクターは、個人の満足感や認知、感情のパターンを調べます。

1. 報酬のタイプ
    例：時間給、週給、月給、年俸、ボーナス、一時金、歩合制、振込、現金支給など。

2. 個人のアイデンティティやグループの団結、忠誠心を作りだす方法は？
    例：会社の福利厚生、制服も含め服装、机周りに写真や自分の好きなものをディスプレイしてもよいか、会社の運動会、忘年会・新年会、家族への関わり、など。

3. 個人あるいは、グループが失敗した時はどうなりますか？
    例：フォローしてくれる人がいる。カウンセラーやメンター、コーチがいる。1人で背負い込む。なんらかのペナルティーが必ずある。給与や昇進に大きく影響する。

4. ワクワクすることや楽しむ方法に、どのようなものがありますか？
    例：会社の社員食堂は安くて美味しい、バーがある、オフィスが明るい、席替えがある、自由な服装で出社OK、保育室、育児休暇がある、職場復帰制度がある。社内イベントがある。

5. 変化や成長について積極的なサポートや対応・反応がある／ない
    ①内面（人間関係や家族の慶弔等について）の変化について、どのような対応・反応ですか？

    ②外面（研修への参加や資格取得、容姿等、外見）の変化について、どのような対応・反応ですか？

3) 組織文化のいろいろ

①グループ・スクリプト（Group Script）

　グループ・スクリプトは、スクリプト・マトリックス（198ページ）をはじめ個人のスクリプト概念を、組織に応用しています。

　スクリプトとは、子どもの誕生時から親や親に代わる人達から受ける様々な影響によって、その子自身が自分で描く自分の『人生計画』をさします。

　組織も、その起業に携わった人達からの影響を受けながら『組織の生存計画』を作り上げるといわれています。

　特に家族中心で経営しているような小さな組織では、その家族特有のスクリプトと組織のスクリプトが類似している点が多く見られます。経営アドバイスやコンサルティングに、家族のスクリプトの影響を参考にすることもできるでしょう。

　個人のスクリプトで示されるように、子ども達は親や親的役割の人達から、多大な影響を受けながら育ちます。簡単にいうと、生きていく中で『やってよいこと』『悪いこと』を学びます。

　組織のスクリプトも、経営者や創始者（リーダー）が親的役割として、従業員の組織内の行動に大きく影響します。

　組織の伝統（グループ・エチケット）、合理性（テクニカル・カルチャー）、情緒感情（グループ・キャラクター）は、それぞれ組織の（P）（A）（C）にあたり、組織のスクリプトを形成します。組織のスクリプトは、従業員の行動指針、『Do's（ドゥーズ：やること）& Don'ts（ドンツ：やってはいけないこと）』に影響し、組織内のストロークの授受に関係します。

　グループ・スクリプトを知ることは、組織の禁止令や許可を発見することも含めて、その組織内の従業員にとって「生存」に関わる重要な事柄です。また、組織自体の成長には必須の課題です。

鈴木さんの発見！ 組織のスクリプトを学ぶ機会

鈴木さん 僕は組織のスクリプトを新人研修で学んだと思います。

ともこ先生 新人研修があると、組織の(P)(A)(C)が直接伝えられるわね。小さな組織では、先輩社員やご家族が新人さんに「ここでは〜した方がいい」「〜してはダメ！」とその都度、現場で伝えることが多いですね。また、本人が現場で感じとったり失敗しながら、そこ特有の組織のスクリプトを学んでいくことも多いでしょう。

②スクリプトのいろいろ

個人のスクリプトと同様に成功にいたるスクリプトから、悲惨な結末を迎えるスクリプトなど、それぞれ特徴があります。

ここにいくつかの組織のスクリプト例を挙げましょう。

- **早く行け！**：市場の早期獲得、新商品開発など、IT関連に多く見受けられるように「一瞬でも先にマーケットを制覇」することが至上目標である組織です。

- **現状維持**：チャレンジは優先課題ではなく、すべてを継承し続けることが重要とする組織のスクリプトです。老舗のオリジナル商品を守るため（現状維持）に日夜努力をしている組織です。

- **ゆっくりと下降**：過去の栄光に浸り、現状に合わせることなくゆっくりと降下

するスクリプト。「昔はよかった！」「こんなはずではない」が口癖の組織かもしれません。

- **自己破壊**：1人（多くの場合はトップ）が倒れると、すべてが失われるスクリプトをさします。何から何までリーダーが自分で推し進めてしまう組織に多く見られるスクリプトです。リーダーはOK、従業員はNot-OKと思い込み、典型的なシンビオシスをもった組織（112ページ）ともいえます。

鈴木さんの発見！　ある組織のスクリプトに名前を付けてみました！

お取引先の若手の社長さんが、「僕は普段、会社にいなくていいんだ。何か問題が発生して、社員ではどうにもできない時に僕の出番があるんだ」って言っていたことを思い出しました。で、そんな『社長の出番』が、忘れた頃に繰り返されるともその社長ご本人から聞いています。

問題解決に向かっている時は、「危機からの脱出にエネルギーを費やしている」とか「やりがいを感じている」ように見えます。その危機から脱出すると、僕には社長と従業員の信頼関係はさらに深まって、社員達もイキイキしてるように見えるなあ。

彼の組織のスクリプトは、『危機からの生還』と名付けられますね！　こうして名前を付けるとわかりやすいですよね！　社外の僕がそう思うんだから、従業員もそんなふうに社長や組織を見ているかもしれないな…。僕の会社のスクリプトも見てみよう！

> 組織ごとにいろいろなスクリプトが存在します。あなたの組織はどんなスクリプトをもっていますか？
> まずは、組織文化や繰り返し起こる出来事（肯定的、否定的の両方）に注目してみましょう。

③組織のシンビオシス

　組織内でリーダーが常に指示を発し、従業員はその指示通りに動くことが続くと、その組織内でシンビオシスの関係が生まれます。

　シンビオシスの関係とは、2人あるいは、それ以上の人が関係している場面で、互いに気づかないうちに1組の自我状態のみが活用されて、残りの自我状態は使われていない人間関係をさし、ギスギスした人間関係を生む要因になります。

　共生関係と呼ばれることが多いですが、「共生」からくるポジティブなイメージではなく、むしろネガティブな関係を意味するので、TA教育研究所ではシンビオシス（Symbiosis）と呼んでいます。

　「従業員からの発言、発案がない」「言ったことしかしない社員」「指示待ち従業員の集まり」「上司や部下の顔色を見ながら仕事している」といった組織を視覚化すると、図3-10のダイヤグラムのようになります。

　このダイヤグラムからわかることは、従業員の（P）と（A）、創始者やリーダーの（C）が、それぞれディスカウント*されていることです。

　*ディスカウント（値引き）とは、問題解決に必要な情報を、気づかずに無視あるいは軽視することをいいます。これもまた、ネガティブな人間関係を導く原因になります。（163ページも参照してください）

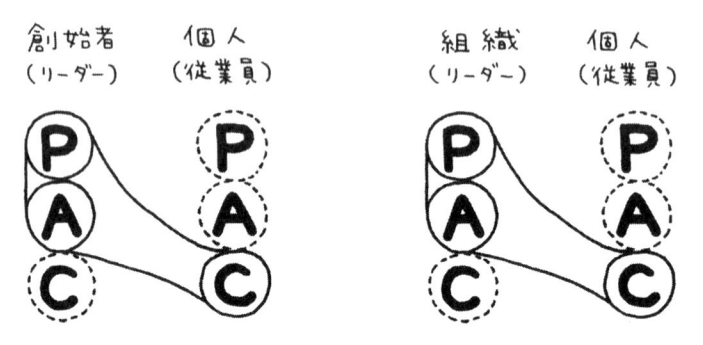

図3-10　創始者やリーダーを超えられない組織のダイヤグラム（組織のシンビオシス）

解決策として、まず、従業員の（P）（A）を育てるために、創始者やリーダーは自分の考えをむやみに押し付けずに、従業員が発言するまで時間をとって待つように配慮することが挙げられます。創始者やリーダーの（C）を育てるためには、従業員に任せて仕事から少し離れる時間を作ることなどが挙げられるでしょう。

　図3-10のダイヤグラムは、厳しすぎる、過保護すぎるリーダー、あるいはリーダーの思う通りに従業員を動かし続けた組織を、自我状態モデルを用いて描いたものです。これらの組織では、従業員のもつ価値観や考え方、やり方を取り扱わなかったあるいは、育たなかったことが伺えます。シンビオシスのダイヤグラムで表すことで、次への行動（改善策）を考えるきっかけになります。

　図3-11はリーダーと従業員のやりとりが活発で、それぞれの価値観、やり方、考え方や、自由な発想で互いを刺激し合い、コミュニケーションがうまくとれている組織を図式化しました。メンバー相互間の理解と支援がスムーズに進み、問題に遭遇した時にそれぞれの対応力を発揮できやすい**自律した組織**といえるでしょう（自律性：186ページ）。

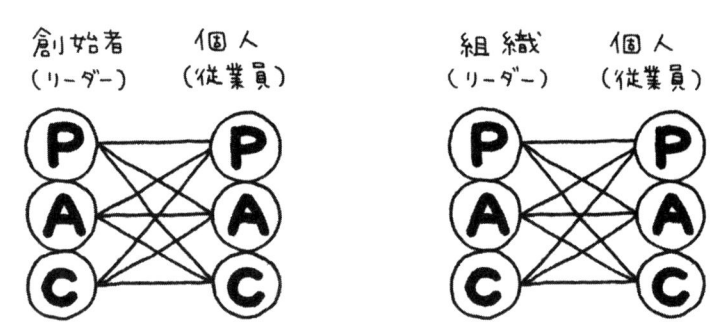

図3-11　生存や成長の可能性が大きい組織のダイヤグラム
　　　　（各自我状態を結ぶ線は両者の自由なやりとりを表します）

4 コントラクト（契約）
Contract

　エリック・バーンは、コントラクトについて「十分に定義*され、一連の行為について、お互いが明瞭にしたコミットメント**」と言っています。

＊定義とは、概念の内容を限定すること。本質を明らかにし他の概念から区別すること。
＊＊コミットメントとは、本腰を入れて取り組み、関わり、最終的に責任をとること。

　つまり、これから起こりうる事柄について、十分に話し合い、互いに求める成果を明確にし、それら一連の行為について相互が積極的に関わり、最終的責任をとることに同意した内容が**【契約／コントラクト】**です。
　また、関係者それぞれの関わり方を明確にすることを**【コントラクティング／コントラクトを結ぶ】**といいます。全員が共有できるように、最終的に手に入れるもの（状態）を、**小学校低学年の児童が理解できる言葉で表すことが重要**ともいわれています。
　TA実践家が結ぶコントラクトには、セラピー（臨床もしくは治療上の）契約とビジネス契約の大きく2つがあります。本書ではセラピー・コントラクトについての詳しい説明は省きますが、コントラクトの基本的概念とビジネス・コントラクトについてお伝えします。

●クラウド・スタイナーのコントラクト締結時の4つの必要条件

　クラウド・スタイナー（Claude Steiner）のコントラクトを結ぶ時の4つの必要条件をお伝えします。スタイナーの専門分野は臨床のため、③の「能力」については、特に臨床分野のコントラクト締結時の条件が濃くなっているように感じますが、他分野*においても、コントラクト締結時の必要条件として、とても重要

な4点です。

＊TAの応用分野として、臨床・教育・組織・カウンセリングの4つの分野があります。

①相互の同意（Mutual Consent）

　関係者の誰かが、一方的に内容を推し進めるのではなく、関係者の話し合いによってひとつの案に達し、同意することを意味します。どちらかが一方的に相手に強要することはできません。

②正当な対価（Valid Consideration）

　両者（関係者）が、それぞれ納得いく費用あるいはそれに見合う対価を事前に決めておきます。（金額あるいは、それに見合う内容、支払時期、支払方法等）

③能力（Competency）

　関係する人達それぞれが、契約内容を遂行する能力をもっていることが大切です。身体的、精神的、教育的、経験的に、要求に叶う状態かつ能力をもっていることなどを確認しておくことが必要です。
　スタイナーは特に以下の状況下でのコントラクト締結は不可能と考えています。
- 未成年者自身は法的にコントラクトできない。
- 精神的に不安定な状態ではコントラクトできない。
- 精神に作用するような薬物（アルコールを含む）を服用している場合、身体的に特に脳に極度の損傷を受けた人等はコントラクトできない。

④合法的である（Lawful Object）

　コントラクトの内容が合法であること、またコントラクトは専門家が所属する専門家団体の倫理綱領を厳守することを大切にします。
　セラピー・コントラクトでは、社会的行動規範として自己尊重コントラクト

(Self-Care Contract) を重要視します。それらは、コントラクト期間中は、自殺をしない、自分自身や他者を傷つけたり、暴力を振るわない、エスケープハッチやループホール*といった逃げ道を使わないことを契約条件に加えたうえで、契約を結ぶこともあります。

> *エスケープ・ハッチ (Escape Hatch: 逃げ口)、ループ・ホール (Loop Hole：抜け穴・逃げ道)。どちらも困難に直面した時に、無意識に使う逃げ口や言い訳を意味します。

●ビジネス・コントラクト（契約）

教育や組織分野で使われる3つのパートから成るコントラクト【ビジネス・コントラクト】を説明します。コントラクトの仕組みと内容を理解して、実際の場面でのコントラクトの活用をおすすめします。

①管理／事務的契約（Administrative Contract）

時間、費用、会場等の内容をもらすことなく明瞭にします。
- 開催時間や開催準備、開催後処理等に必要な時間もあれば明記する。
- 誰が、誰に、いつ、いくら、どのような手続きで支払うのかを明記する。
- 会場の手配と、それに関する責任者等を明記する、など。

②プロフェッショナル（専門性）契約（Professional Contract）

プログラムの内容、プロジェクトの目的やゴールに関係する契約です。関係者それぞれが求める／提供できる内容及び、専門的役割・立場を明確にします。
- その分野の専門家であることや、資格や能力の有無を相互に確認する。
- 受講者側の準備段階、受講資格等も相互に確認する。
- 求めるゴールや成果について、相互の理解に相違がないように確認する。

③心理的契約（Psychological Contract）

　先生と生徒間、スーパーバイジーとスーパーバイザー間あるいは、研修講師と受講者間、研修講師と依頼者側といった、コントラクトの関係者間で発生する、非言語あるいは暗黙の契約の存在について十分に留意し、それらを事前に明らかにしておくことは、心理的ゲームを排除するうえで重要です。

　契約内容として、押さえておきたい項目は
- 関係者名、ポジション・立場、役職名等、各人がもつ役割と権限。
- 何を期待されているのか、何をしないといけないのか／してはいけないのか？（関係者それぞれのバウンダリーの明確化。バウンダリー：16ページ）
- どれくらいの時間をかけるのか？
- 費用、経費の額と支払条件。
- 最終段階のゴールあるいは、成果は何で判断するのか？
- 成果を出したことが、どのように当事者（関係者）にはわかるのか？
- その成果は、関係者それぞれにどのようにプラス／喜ばしいことなのか？

その他、が挙げられます。

●コントラクトの重要性

> **事例**
>
> 　講師の私は、ＴＡ心理学の【自我状態機能モデル】と【エゴグラム】のセッションを2時間実施するという研修依頼を受けました。同じ2時間のＴＡの自我状態機能モデルとエゴグラムセッションを実施する場合でも、コントラクトの内容によって、セッションの中身も変わります。次のAパターン、Bパターンで解説しましょう。

《解説》

Aパターン

- □講師は、2時間でTA心理学の自我状態機能モデルとエゴグラムの理論とその応用を伝えます。
- □受講者は、2時間の自我状態機能モデルとエゴグラムの理論とその応用を学びます。
- ■2時間後、受講者が得るゴールは、自我状態機能モデルとエゴグラムを学び、セッション終了時にはエゴグラムが描けるようになり、日常的にそのエゴグラムを使って自分を振り返ることができ、人とのコミュニケーションに役立てるスキルを得ます。（プロフェッショナル・コントラクト）

Bパターン

- □講師は、2時間でTA心理学の自我状態機能モデルとエゴグラムの理論とその応用を伝えます。
- □受講者は、2時間の自我状態機能モデルとエゴグラムの理論とその応用を学びます。

　〜ここまではAパターンと同じですが〜

- ■受講者には、2時間後に筆記試験を受けてもらいます。80点が合格ラインです。合格者のみに受講実績として修了証書を発行します。合格点未満の方には修了証書は発行できません。職場評価の素点のための研修です。

　AパターンとBパターンでは、2時間後の成果が異なります。

　この2時間のセッションの最初に講師と受講者の皆さんがコントラクトを明確に分かち合っていないと、最後の段階になって、不平不満の応酬になることも可能性としてあるわけです。

　最後のできあがり状態（最終段階のゴールや成果）が異なると、その中身が全

く異なる内容になります。コントラクトがとても重要であることがおわかりいただけると思います。

　もうひとつ事例を挙げましょう。

　ある企業が、外部研修講師に「おとなしい新入社員を元気にする研修」をして欲しいという依頼をしました。

　極端な言い方をしますと、その組織の中でどんな要求でも、言われたことをテキパキと元気に遂行する新人教育を期待している企業があります。あるいは、自分達の意見やアイデアを自発的に述べる元気な新入社員になることを期待している企業もあります。両者では、全く異なる成果が期待されていることになります。

　もし、日常の仕事やプロジェクトを終えた時になんらかの違和感（ラケット感情：195ページ）がある場合は、最初のコントラクティング（契約を結ぶ手続き）が不明瞭だったというサインかもしれません。

鈴木さんの発見！　チラシに書いてあった内容と違うぞ！？

鈴木さん　ある講演会を聞きに行った時の話です。チラシには「○○先生、会社内のメンタルヘルスについて語る！」とあり、興味があったので会社帰りに聞きに行きました。実際は、最初から最後まで彼女が主催するメンタルヘルス講習会をおすすめする内容で、途中から違和感を感じ始めました。そう考えると、チラシの中身の情報って、コントラクトなんですね！

ともこ先生　そうなのよ！「チラシ」はコントラクトとしての重要な働きがあるんですよ。

コントラクトの理論にキッチリと合致したチラシもあれば、そうではないチラシもありますね。あえて、どちらの意味にも取れるようなチラシもあるでしょう。鈴木さんはチラシを見て、メンタルヘルスの基礎知識を得られると思って行ったのに、内容はメンタルヘルス講習会のお誘いだったのね。それはクレームが発生する可能性を残しますね…。

●契約的方法または、コントラクチュアル・メソッド
Contractual Method

　【コントラクティング（契約を結ぶ手続き）】は、互いの仕事／責任／義務等の分担を明らかにし、求める結果を相互に理解し、協力し合いながら手に入れることを確実にします。

　研修を始める時に、講師と受講者間のコントラクトとして、「この決められた時間内で私達が一緒になって創り出す内容は、〜です」と、説明してから進めることがコントラクチュアル・メソッドです。

　定義された成果に向かい、一緒に協力し合いながら、互いに責任を分かち合うというやり方です。

　これをＴＡでは、【契約的方法】または、【コントラクチュアル・メソッド（Contractual Method）】といい、とても大切にしています。セラピーをする中で生まれたＴＡ心理学の大きな概念のひとつです。会社の会議、商談等あらゆる場面で応用できます。

●オープン・コミュニケーション
Open Communication

【オープン・コミュニケーション】とは、コントラクチュアル・メソッドと一緒にTA心理学の中の特記すべき概念です。

ひとつの目的に向かって共に歩む／仕事をする中で、今何が起こっているのかについて、関係者間で充分に情報を共有するという考え方です。

「今、○○のような問題が発生していて、△△の対応をしています／更なる問題が発生しています」とか、「今、このような肯定的結果が出ています。今後は〜〜の方向性が考えられます」という、**否定的／肯定的に関わらず、関係者間で情報を共有しながら目的に進む**というやり方を、エリック・バーンはセラピーの中での活用を強調していました。

これは、セラピー以外のTA心理学の活用場面でも同じですし、一般の教育、各種仕事や家庭内でも当てはまることだと思います。関係者が内容の進捗状況を共有することは大切です。

これら、コントラクチュアル・メソッドと、オープン・コミュニケーションの概念は、TAの哲学（186ページ）と同様にTA心理学を使っていく中で基本的な考えになっています。

コントラクトの応用編もお伝えしましょう。

●3コーナード・コントラクト（スリー）
Three Cornered Contract

ここで、研修依頼者と、講師そして、受講者の3つの異なる立場の人達が関わるコントラクトを説明しましょう。三者を三角形の各頂点に位置し、それぞれのコントラクトを明確にする考え方を【3コーナード・コントラクト】と呼びます。

> **事例**
>
> ～ 3つの立場の説明（研修の例）～
>
> **依頼者**：組織であれば研修担当者やオーナー、セミナー企画会社等になります。○○長と役職名があり決裁権のある人（話が通じる人）です。通常、三者の中で一番いろいろな意味でパワーをもっているポジションで『**グレート・パワー（great power）**』とも呼ばれます。
>
> **受講者**：当日の受講者です。複数の場合が多いです。ひとつの組織からの受講もあれば、いろいろな業種や団体、個人での受講等いろいろなケースがあります。『**あなた／あなた達（you）**』と呼びます。
>
> **講　師**：この研修やセミナーを実施する講師です。
> 　　　　　『**私（me）**』と呼びます。

　三方向のコントラクトをダイヤグラムにしたのが図3-12です。

ⓐ **私のコントラクト（my contract）**

　　グレート・パワーと私のコントラクト

ⓑ **あなた達のコントラクト（your contract）**

　　グレート・パワー（主催者）とあなたのコントラクトです。チラシや案内等の募集事項、参加資格、研修の内容などがそれに当たることが多いです。

ⓒ **私達のコントラクト（our contract）**

　　あなたと私のコントラクトで当日に確認する場合が多いです。

　これら3つのコントラクトを明瞭にすること、中でもグレート・パワーと私の間でのビジネス・コントラクトをまず明確にすることが大切です。ダイヤグラム内の「私のコントラクト」から説明しましょう。

```
              依頼者
           (グレート・パワー)
                 ▲
                ╱ ╲
               ╱   ╲
    ⓑ あなた達のコントラクト   ⓐ 私のコントラクト
             ╱       ╲
            ╱         ╲
           ╱           ╲
    受講者(あなた) ◄────────► 講師(私)
              ⓒ 私達のコントラクト
```

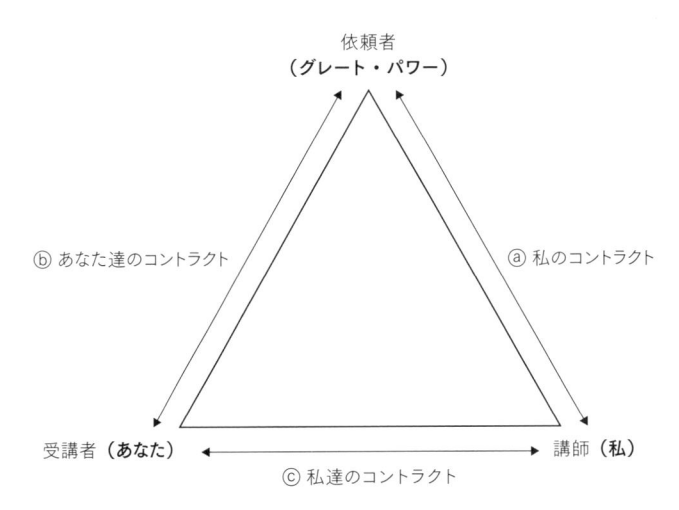

図3-12　ファニータ・イングリッシュ (Fanita English) 女史の
　　　　3コーナード・コントラクトのダイヤグラム (研修を例に)

ⓐ 私のコントラクト

①管理／事務的契約

- 実施日、時間 (休憩含む)
- 費用：金額、支払方法、支払時期
- 会場：場所、環境、準備に関しての責任者を決める
- 会場設営：設営ダイヤグラム (33ページ) は、講師側が決める
- その他：告知のやり方、手段、その責任者等

　ここでは、外的機構要素 (20ページ)、内的機構要素 (23ページ) の概念が役立ちます。

②プロフェッショナル (専門性) 契約

　講師側の専門性と、依頼者側の期待／求めている内容の確認が必要です。
　プロジェクトの目的や、依頼者のゴール内容を明確にします。成果あるいは、

ゴールを達成したことが、どのように当事者（関係者）にはわかるのかも含めて、シンプルな言葉で相互が理解できるまで話し込みます。

　依頼者／受講者側の問題意識や、状況についての情報収集も大切な要素です。

　例えば、今回が初めて研修を受けるグループなのか、今まで研修を受けてきた経緯があるグループなのか、またその研修内容、現在の問題点、課題等の情報を得ることで、講師としてそれを請け負う専門性や能力、スキルがあるかどうかの判断、プログラムの組み立て等に活用します。万が一、途中で状況等に変化が生じた場合は、速やかに相手に報告、再確認をします。

③心理的契約（Psychological）

　依頼者側（組織側）の暗黙の期待感や、講師がもっている期待感等を互いに知っておくことが必要です。そうすることで心理的ゲームを避けることができます。例えば、研修をすることで受講者に対してどのような想いを伝えたいのか、依頼者側と、講師が異なる想い（ポジション）でいると研修自体がうまくいかなくなります。

　依頼者側の規制やルール、規範、特有の文化の範囲内で、研修を行う必要性もあるかもしれないので、講師は、それら心理的な期待感や関係先の組織文化（97ページ）なども、事前に理解して明確にしておく必要性があります。

ⓑ あなた達のコントラクト

①管理／事務的契約

- 日程：実施日、開始／終了時間
- 費用：金額、支払方法、支払時期（お金の動きです。参加者が受講費を支払うのか無料か、参加者は受講することで賃金が支給されるのか、等）
- 会場：会場へのアクセス

- その他：受講に際しての準備（講師の指示に従う）等

②プロフェッショナル（専門性）契約
- 受講者の参加資格／事前準備等の明記
- 主催者の信頼性

③心理的契約（Psychological）
　依頼者が雇用主であるとか、何らかの資格取得のための講座などで利害関係がある場合は、グレート・パワー側からの暗黙の期待感やメッセージが存在することがあります。同時に、受講者も自分勝手に、プレッシャーを増幅させることもあります。オープンにしておくことは大切です。

ⓒ私達のコントラクト
①管理／事務的契約
- 時間：当日の研修スケジュール（休憩含む）

②プロフェッショナル（専門性）契約
- 講師側が提供する内容と、研修の目的／ゴールの確認

　研修の目的や、依頼者（主）のゴール内容を明確にします。成果あるいは、ゴールを達成したことが、どのように自分や他者（関係者）にはわかるのかも含めて、シンプルな言葉で相互が理解できるまで話します。

③心理的契約（Psychological）
　講師側からの暗黙の期待感やメッセージあるいは、依頼者側（組織側）の暗黙の期待感やメッセージがあると、講師と受講者間で心理的ゲームに発展しやすい環境を作ります。それら期待感等があるなら、事前に言葉でオープン

にしておく方がいいでしょう。

受講者側は勝手気ままな期待感をもっている場合も多く、最初の段階で、本来のコントラクトを明瞭に伝えておくことが大切です。

● 4コーナード・コントラクト（フォー）
Four Cornered Contract

講師自身が研修会社などの組織に属している場合は、【4コーナード・コントラクト】というコントラクティングで考える必要があります。

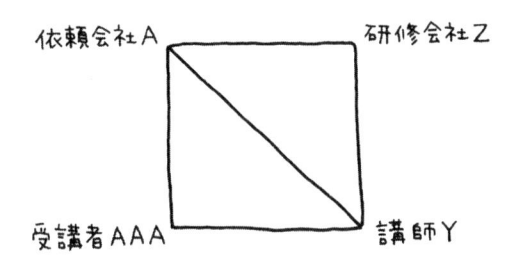

図3-13　4コーナード・コントラクトのダイヤグラム

ダイヤグラム上の実線で結ばれた各者間で決められるコントラクティング（契約を結ぶ手続き）は、3コーナード・コントラクトで説明した内容と同じく、互いの仕事／責任／義務等の分担を明らかにし、求める結果を相互に協力し合いながら手に入れることを確実にし、プロジェクトが成功するための必須の事前準備です。

ここでは（図3-13）、講師Yは、研修会社Zの枠内で、その仕事をしなければなりません。結果、講師Yが本来実施したい研修でない内容を実施することになるかもしれませんし、反対に、研修会社Zの存在で、講師Yはその枠内で守られていることもあります。

研修の途中あるいは終了後に心理的ゲームにならないためにも、プロジェクトに関係する人達の間で、最初にコントラクトを明確にすることが重要です。

ⓐ**私のコントラクト（my contract）**

　講師と依頼会社のコントラクトです。

ⓑ**あなた達のコントラクト（your contract）**

　依頼会社と受講者のコントラクトです。

ⓒ**私達のコントラクト（our contract）**

　講師と受講者のコントラクトで当日に確認する場合が多いです。

ⓓ**私と会社のコントラクト（our office's contract）**

　講師と研修会社のコントラクトです。

ⓔ**彼らのコントラクト（their contract）**

　依頼会社と研修会社のコントラクトです。

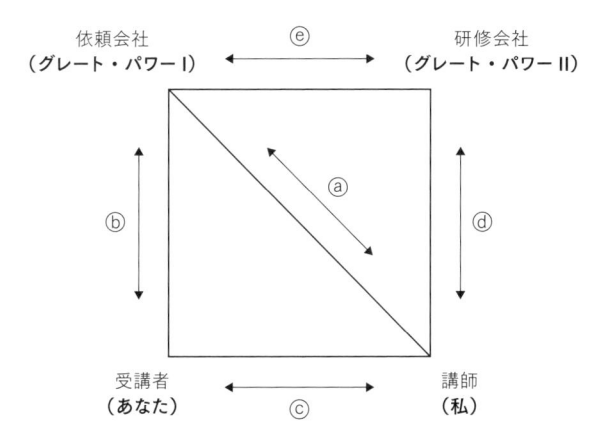

```
    依頼会社          ⓔ         研修会社
  （グレート・パワーⅠ） ←——→ （グレート・パワーⅡ）

           ┌─────────────────┐
           │╲               ╱│
           │ ╲             ╱ │
         ↑ │  ╲    ⓐ    ╱  │ ↑
         │ │   ╲   ↕   ╱   │ │
         ⓑ│    ╲     ╱    │ⓓ
         │ │     ╲   ╱     │ │
         ↓ │      ╲ ╱      │ ↓
           │       ╳       │
           │      ╱ ╲      │
           │     ╱   ╲     │
           └─────────────────┘
     受講者          ⓒ          講師
    （あなた） ←——→          （私）
```

図3-14　4コーナード・コントラクトのダイヤグラム（研修を例に）

　一見、複雑そうな4コーナード・コントラクトかもしれませんが、めざす成果を確実に手に入れるためにはとても大切なプロセスです。成功事例とそうでない時、それぞれのコントラクトの状況を振り返ると、その意味が明白かと思います。是非、コントラクトの概念を普段の生活の中や仕事場で応用してもらいたいと思います。もうひとつ、派遣社員の例で説明してみましょう。

ⓐ**私のコントラクト (my contract)**：契約者の山田さん ― 派遣社員の私
　ここでは、「週2回、各2時間ずつ訪問先を清掃する」です。
ⓑ**あなた達のコントラクト (your contract)**：契約者の山田さん ― お客様
　ここでは、「週2回、2時間ずつ清掃員を派遣します」です。
ⓒ**私達のコントラクト (our contract)**：お客様 ― 派遣社員の私
　ここでは、「当日、お客様に依頼された箇所の清掃を2時間内でする」です。
ⓓ**私と会社のコントラクト (our office's contract)**：派遣会社 ― 派遣社員の私
　ここでは、「定められた日時に清掃に行く」です。
ⓔ**彼らのコントラクト (their contract)**：契約者の山田さん ― 派遣会社
　ここでは、「私のサービスに対しての対価として、定められた金額を山田さんが派遣会社に支払う」です。

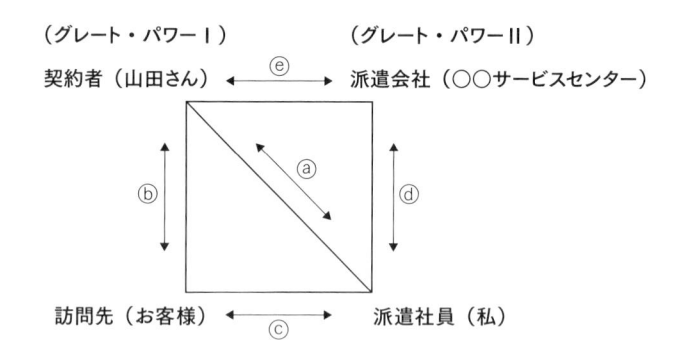

```
      （グレート・パワーⅠ）            （グレート・パワーⅡ）
      契約者（山田さん）  ←ⓔ→  派遣会社（○○サービスセンター）
                      ┌──────────┐
                      │＼        │
                    ↕ │  ＼ ⓐ   │ ↕
                   ⓑ │    ＼    │ ⓓ
                      │  ⓐ ＼  │
                      │      ＼│
                      └──────────┘
       訪問先（お客様）  ←ⓒ→   派遣社員（私）
```

図3-15　4コーナード・コントラクトのダイヤグラム（派遣会社を例に）

　ⓐ～ⓔそれぞれの【ビジネス・コントラクト】が明瞭に結ばれていると、問題が起こることは少ない、あるいは問題になっても解決しやすいです。しかし、ⓐ～ⓔどこかで「ビジネス・コントラクト」①管理／事務的契約、②プロフェッショナル契約が不明瞭、③心理的契約に気づいていなかったりすると、不平や不満足のクレーム、派遣社員のやる気の低下等が表れ、心理的ゲームになる可能性が高まります。

●コントラクトに必要なもの

コントラクティング(コントラクトを結ぶ手続き)は、通常定められた期間に成し遂げたい成果を、関係者が一緒に協力し合いながら作りだすためには必須です。そして、合意したコントラクトは、誰もが理解できるシンプルな言葉で述べられるようにすることも重要です。

コントラクティングでは、**今から手に入れようとしているものは自分が本当に欲しいものであるかどうか**がまず問われます。そして自分が手に入れたい事柄を他者に伝えるための自分の表現力も必要です。なぜなら、自分の手に入れたい結果や成果を周囲の人に理解してもらえるように話すことから始まるからです。時間をかけてもこれらを明確にすることはとても大切です。

コントラクティングは、ビジネス環境だけのことではなく、教育現場での先生と生徒や保護者間で、進路を決めたりする際に是非活用してもらいたい概念です。また、家庭内の子育ての中でも、親と子の間でそれぞれが責任を分担し『一緒に協力してやろうね』という体験は大切だと思います。

グループを率いる時に知っておくと役立つ概念があります。プラス(➕)してお伝えします。

➕ グループの4つのタイプ
Four Types of Groups

ジーン・クラーク(Jean I. Clarke)女史は、グループには、4つのタイプ【ディスカバリーのグループ】【シェアリングのグループ】【スキルビルディングのグ

ループ】【プランニングのグループ】があるという考え方を提唱しています（Clarke, 1980）。

　それぞれのタイプには明瞭な意図があり、リーダーとしてグループを率いる立場の人が知っておくととても役立ちます。リーダーやファシリテーターだけではなく、参加者にとってもその集まりの意図が明瞭に進められるので、ストレスが軽減されるでしょう。

　また、グループを導いている途中で何らかのストレスを感じた時に、本来あるべきタイプから外れていないかどうかをチェックするという活用法も知っておくと役立つでしょう。まずは、4つのタイプをご紹介します。

1）ディスカバリーのグループ（Discovery Group）

　探求・発見のグループともいいます。自己成長を含め、ある種の課題や可能性、問題発見や、個人的な気づきなどにフォーカスしているグループです。新しい知識や価値観を得ることに興味・関心があります。

　（例）子育て学級、○○問題を考える会、○○勉強会、自己発見のセミナー等

2）シェアリングのグループ（Sharing Group）

　気持ちや出来事を分かち合うグループです。情報や、気持ち（感情）、希望、悲しみ、関心事などを交換する集まりなので、評価や分析等はありません。

　（例）お見合い、合コン、別離のサポート会、各種公聴会（ヒアリング）等

3）スキルビルディングのグループ（Skill-building Group）

　スキルや技能を学び、修得するグループです。特別な仕事を完成させるための技能や仕事からレクリエーションに至るスキルや身体的、精神的、個人的、人間関係の改善等のスキルを習得、伸ばすことをゴールとします。

（例）成人病から家族を守る食育を学ぶ会、○○作りの教室、各種お稽古事、コミュニケーション・トレーニング、新人研修、管理職研修、各種資格取得等

4）プランニングのグループ（Planning Group）

将来のプランを立てるためのグループです。個人的な小さな事柄から、10年先の地域の構造を考えるものまでが含まれます。

（例）ライフプランニング、教育委員会、企画会議、役員会、作戦／企画会議、諸々の委員会など

私達が何らかのグループに関わる時あるいは企画する際に、この4つのグループ・タイプのいずれかの意図をもった集まりになると、いわれています。「ここで何をするのですか？」という問いへの応えになります。

集まり（研修、会議、打合せ、会合など）の最初から最後まで、上記の4つのうちのひとつのタイプだけで進む場合もありますが、多くの場合、メインのタイプとは別に他のタイプも部分的に含みます。

グループの4つのタイプの例を3つ挙げましょう。

（例1）ＴＡ心理学を使ったコミュニケーションスキルの習得を目的にしている『ＴＡコミュニケーション研修』の場合、メインはTA心理学を学び、コミュニケーションスキルの改善をはかることです。そのために現実の問題に気づくことや、自分自身の気づきも大切な部分になるので、部分的にディスカバリーのグループにもなります。また、研修の後半で行う研修内容の活用について計画を立てる場合には、プランニングのグループに移行します。

ここで、コミュニケーションスキルの習得（スキルビルディング）を目的にしているにもかかわらず、ディスカバリーの部分が強調されると結果は少し違ってくるのはおわかりいただけると思います。

（例2） 会社でのミーティングで、プロジェクトの日程確認の目的（プランニング・グループ）でも、何人かが、プロジェクト遂行中の出来事についての自分の気持ちや体験を話しだし、最終的にプランニングできずに終わってしまうこともあります。スケジュールを確認したい人にとってはとても不本意なミーティングになってしまいます。同時に、プロジェクトのスケジュールに関連した自分の意見や気持ちをシェアーしたい人達にとっても、中途半端なミーティングとなるかもしれません。もし、あなたがこのミーティングのファシリテーターであれば、どうしますか？

> プランニングのある段階では関係者のシェアリングが重要な場面も生まれます。タイミングを計り、シェアリングをテーマとした会を設け、関係者の意見や体験、感想を聴くという時間を設けることもあります。

（例3） 別離や喪失をテーマにしたシェアリングのグループあるいは、会議や研修終了時に行うリフレクション*では、それぞれの体験を話すことがメインです。ファシリテーターや他の参加者もシェアーされた内容についての判断や批評等はしないことが原則です。

　どうしても、ある発言に対して何かを伝えたいことがある場合は、ファシリテーターや当事者に許可を得て、反応する方法もあります。

*リフレクション：ある限られた時間を振り返り、そこでの自分にとっての学びや体験、気持ちを分かち合うこと。

　それぞれの会を運営するファシリテーターやリーダーは、これら4つのグループの違いを理解したうえで、グループの進む方向性をリードすると、ストレスが軽減されます。

4章　TA組織理論の活用場面集

　4章では、日常の出来事を使って、少し違った角度からTA組織理論を説明します。

　皆さんはお気に入りのレストランに出かけた時、「あれ、なんか雰囲気が変わったな」とか「味が以前と違うぞ」と感じたことはありませんか。そのせいか、お客様層が今までと違うことまで感じとって、そのレストランにあまり行かなくなったという読者もおられるかもしれません。

　そして、「以前とは変わったね。前の方がよかった（前よりよくなった）」と話題にし、それがいつのまにか世間の評判や評価、うわさとなって、そのレストランの存続に大きな影響を及ぼすこともあります。

　さて、レストランの何が変わったのでしょう？　「経営方針の変更」とひと言で言えるかもしれませんが、こうしたレストランの変化にTA組織理論を当てはめてみることにしましょう。

　まず、レストラン側が、来客数の変化やお客様層の変化、売り上げやクレーム等を、お店を運営していく中で外部からの「刺激」として捉えることが重要です。

　それら刺激が、お店にとって検討を必要とする「問題」であるという認識と、売り上げや来客数の変化、クレーム等への対応策として、違いや変化を作りだすことが可能であることに気づくことも大切です。

「刺激の存在」を知り、それを「問題」として捉え、それに対する「代替策」や「対応策」について考える糸口としてTA組織理論が役立ちます。

次の表は、レストランにTA組織理論を当てはめ、診断、解決の糸口となるように一覧にしたものです。

①は、感じたあるいは目に見える変化や情報。こうした変化や情報はレストラン内外からの情報です。

②は、問題解決のための診断に使えるTA組織理論。ここに記載したTA組織理論以外でも使用可能な場合があります。

③は、考えられる原因（視点・問題点）で、組織が認識、意図している場合もあります。

①感じた／目に見える変化（情報・変化）	②問題解決のための診断に使えるTA組織理論（一部）	③考えられる原因（視点・問題点）
・オーナーが変わった	組織文化 権威者ダイヤグラム リーダーシップ コントラクト	・レストランの経営者やオーナー、責任者の変更 ・経営方針の変化
・お店の雰囲気が変わった ・内装・外装の変化	コントラクト 組織文化 役割ダイヤグラム 設営ダイヤグラム 外的機構要素	・レストランの目的、経営方針の変更 ・従業員の入れ替わり ・お店のリフォーム

・近くに競合店ができた ・マンションやオフィスビルができた	外的グループ・プロセス 外的機構要素 コントラクト 組織文化	・お店の周辺環境の変化への対応策 ・経営方針の変化
・サービスや接客態度が悪くなった ・味の変化	権威者ダイヤグラム 内的機構要素の変化 役割ダイヤグラム 設営ダイヤグラム リーダーシップ コントラクト	・レストラン従業員の未熟さや変動、教育不足 ・調理場スタッフの変化 ・調理場とホールの動線や器具什器の配置 ・リーダーの不在
・従業員が疲れているのか、注文を間違えるなどの不備が目立つ ・クレームが目立つ	コントラクト 権威者ダイヤグラム 人事ダイヤグラム 配置ダイヤグラム 組織文化 内的グループ・プロセス	・レストラン内部の人間関係 ・シフトの不備 ・人材不足や教育の欠如 ・責任者の不在

　表の②で表したように、いろいろなＴＡ組織理論を活用し、このレストランの現状を診断して問題解決のきっかけを見出すことができます。そのためにも組織内外からのヒアリング、うわさ等も含んだ情報「刺激の存在」に気づくことが大切です。

企業や組織、例として挙げたレストランなども含み、組織の意図的な変更だけでなく、知らない間の組織内の変化が、それら組織の存続に大きく関係しているということを知ることが重要です。

　そうした変化の多くは、営業成果という「数字」や組織内外からの「言語」「非言語」で表面化していることが多いです。それら表面化している組織内外からの「刺激」の存在に気づくことから、問題解決は始まります。まさに、ＴＡ理論を私達個人に活用した時、今ここでの自分自身が「快」か「不快か」に気づくことが重要だったように、組織の「快」「不快」あるいは「小さな変化」を認識することが大切です。

　組織が利益を生んでいるのか、組織内外の人間関係はうまくいっているのか、組織はうまく機能しているのかを常にセルフ・チェックする必要があります。（組織を見極める3つの視点：11ページ）

　意図した組織の変革もＴＡ組織理論をうまく使って効果的に計画し、進めることも可能です。

●各場面の読み方

　1章、2章、3章では、ＴＡ組織理論を簡単な例題と共にご紹介しましたが、4章では具体的な応用を「場面」としてご紹介しています。

　私達が普段何気なく体験していることも、ＴＡ組織理論に当てはめて考えることができることに驚かれるかもしれません。

　ＴＡ理論が日常生活での問題解決や幸せの強化につながってきたように、ＴＡ組織理論も日常に溶け込ませることで、問題発見や問題解決そして、更なる『成功』『幸せ』を手に入れるツールとなることを信じています。ＴＡ組織理論になじんでいただけると嬉しいです。

これから26の場面を紹介します。プライベート（子育てを含む家庭内の出来事や友人との関係）や職場（職場内、他企業との関わり）の場面など、どれも日常でよく見られる身近なシーンばかりです。

　各場面の枠の中には導入としてやりとりや状況を紹介しています。その下にある🖐マークは、活用したＴＡ組織理論を示しています。もちろん、これらは一例で、他のＴＡ組織理論の活用も考えられます。

　そして、私からのメッセージとして、その場面をさらに理解するためのヒントなどを書いていますので、一緒に楽しみながら理解を深めていきましょう。

場面1　就職活動を始めた息子に上手なアドバイスをするには？

> **お父さん**：就職活動はどうだ？
> **マサアキ**：会社情報を集め出したところ。今ひとつ、どこを見ればいいのかわからないんだよね。
> **お父さん**：会社が書類や面接を通して学生を採用するように、エントリーする前にマサアキ自身もその会社を審査するのは大切だよ。
> **マサアキ**：えっ！　僕が会社を審査っ？！　そんなことできるの？

☞ エリック・バーンの「3つの視点」(11ページ)

お父さん：今まで、会社のどんな情報を見ていたの？
マサアキ：福利厚生。ここがしっかりしている会社がいいなと思って。
お父さん：なぜ、福利厚生が気になるの？
マサアキ：なぜって福利厚生がしっかりしていると楽しいことがありそうだし、そこまで従業員のことを考えている会社もいいなと思ったんだ…。
お父さん：確かに会社が福利厚生にお金を使えるのは余裕があるってことだしね。いい着目点だとは思うよ。お父さんが新しい会社と取引する時は、その会社は何をしている会社か、何で収益を上げているかをチェックする。組織は、存続することが大切だからね。
マサアキ：へぇ〜！　なるほどね。ほかには？
お父さん：どこで仕事をしているか？　地理的にね。その会社の歴史が見えてくるし、仕事のやり方にも影響があるからね。それから、どんな人達と仕事がしたいか、どのような人達が多い職場なのか、とかね。
マサアキ：僕は物を作る会社がいいと思っているんだ。人の手で何かを作りだすことを大切にしている会社とか、場所はどこでもいい、海外でもね。
お父さん：そうか。お父さんの取引先に技術継承がきちんとされていて同

4章　TA組織理論の活用場面集

時に、若手から出たアイデアも商品開発に生かしている会社があったな。そういえば、辞める人も少ないな。いつも打ち合わせが新鮮でね、一緒に仕事をするのが楽しかったな。

マサアキ：僕もそんな職場がいいな！　お父さん、その会社にコネないの？
お父さん：自分で探しなさい！
マサアキ：えぇ〜残念。でも会社の何を見ればいいのかわかった気がする。
お父さん：ポイントは、その組織の生産性と仕組み、人間関係だ。
マサアキ：わかった。今までとは少し違う視点で探してみる。教えてくれてありがとう！

> エリック・バーンの「組織の成長・成功あるいは、崩壊を見極める3つの視点」を使って説明した例です。3つの視点は、健全な組織かどうかを考える時の切り口になります。もうひとつ、同じ理論を活用した例を挙げましょう。

場面2　起業したい妻にアドバイスをしたら相談役に!?

妻：今度、私と友人のA子さんと一緒にお仕事を始めようと思っているの。
夫：なんだってー!?　君が？　その仕事って、儲かるの？
妻：儲かる？　う〜〜ん、そうなればいいなあ。
夫：????

エリック・バーンの「3つの視点」（11ページ）

妻：儲けようなんて考えてもみなかった！　ただ、A子さんと一緒に作って

いる〇〇を売るお店ができるといいなあって思ってたの。
夫：おやおや、起業するなら、それなりの成果（利益）を出さないと続かないよ。
妻：そうね。やるからにはお小遣いが稼げるくらい、ワクワクするモノを作りたいわ。
夫：で、そのお店はどこでするの？
妻：今、考えてるの。
夫：じゃあ、紙に書き出してみるといいよ。起業をして儲かるかどうか、生み出したいものは何か、店の場所。それとＡ子さんと仕事の役割分担なども話し合った方がいいね。
妻：急に私達のお店がリアルになってきたわ！　あなたってステキ！　さすがだわ！　これから、私達の相談役になって！
夫：えーっ！？

> 奥さんからの突然の起業宣言にも動じず、エリック・バーンの「組織の成長・成功あるいは、崩壊を見極める3つの視点」を活用してアドバイスをした例です。こんな時、的確に答えられるとご主人の株も上がりますね。
> あなたが誰かの相談に乗る時は、I'm OK–You're OK（193ページ）のポジションをキープできると、うまくいきますよ！

場面3　結婚披露宴の受付を友達に頼む時

> **新婦**：披露宴当日の受付は誰に頼もう？　何人必要かな？
> **友人**：う〜ん。披露宴はフォーマル？　カジュアル？　それによっても変わるわよね。
> **新婦**：えー、そんなことも関係するの？　考えることが一杯〜。私にできるかしら…。

役割ダイヤグラム（34ページ）配置ダイヤグラム（78ページ）
グループ・カルチャー（97ページ）

　結婚式や披露宴の準備はやることが多くて大変ですね。こんな時にもＴＡ組織理論を活用できます。

　まずは、フォーマルなのか、カジュアルなのかを決めることから始まりますね。そして、披露宴の受付を何人の人に任せるのか、どのように受付をするのかは配置ダイヤグラムを使います。

　また、誰に何を任せるのかは、役割ダイヤグラムを使えば、図式化された上に、それぞれの役割も確認できるので安心ですね。

> 結婚式、披露宴のご案内は、参列者にとって当日の様子をイメージする大切な情報です。これらは事前グループ・イマーゴを作る情報ともいえますね。披露宴に来られるゲストにとって、受付はインパクトのある第一関門となります。できる限りシンプルでわかりやすい案内がいいですね。

場面4　披露宴の席決め。誰がどこに座るかは重要課題！

> 新郎：席決めって面倒だなあ。
> 新婦：好きな人同士が座ったらいいんじゃない？
> 新郎：だめだよ〜。会社関係者も来るんだから…。

👉 設営ダイヤグラム（33ページ）座席ダイヤグラム（80ページ）

披露宴に限らず、食事会や会議などの席決めに悩んだ経験は多いのではないでしょうか。誰と誰を隣同士にすると話が弾むとか、誰と誰が同じテーブルだと雰囲気が悪くなるなどは、その会を心地よくしたり成果を上げたり、その後の人間関係を円滑にするためにも、とても大切な要素です。

座席ダイヤグラムを活用して日本の慣習的な「人間関係を円滑にする心づかい」で、皆さんに安心して参加していただきましょう。

> 場面3と4では、配置ダイヤグラムや座席ダイヤグラムを活用できる身近な例を取り上げました。ＴＡ心理学と日本らしい心づかいのコラボレーションですね。
> このように、会社・企業だけでなく、身近な最小組織である「家庭」をはじめ「自治会」「ＰＴＡ」などにもＴＡ組織理論が使えます。どうすればその場の目的やゴールを達成でき、効果的に機能するかを考える切り口になります。14ページのチャートは、ＴＡ組織理論の概要を表しています。どの理論が使えるか考えたい時に参照してください。

場面5　子どもに自転車の乗り方を上手に教えるには？

> ある日曜日、公園での出来事です。5人のお父さんがそれぞれ小学校1年生のわが子に自転車の乗り方を教えています。次に挙げる5組の親子の様子をイメージしてみてください。

☞ 5つのP（93ページ）

1組目の親子の会話

父：小学校1年生で自転車に乗るなんて大丈夫かな？　おまえは運動神経がお父さんほどじゃないからな。怪我するなよ！

子：え、え〜。小学校1年じゃ無理なの？

2組目の親子の会話

子：お父さん、後ろをちゃんともっててよ！　しっかりもって！　放しちゃ嫌だよ！

父：あ〜、はいはい。（嫌そうに）わかったよっ！

3組目の親子の会話

子：お父さん、自転車に乗れるの？　ほんとぉ？　僕、お父さんが自転車に乗ってるところを見たことないよ。

父：う、う〜〜（自信なさそうに）大丈夫だよ。

4組目の親子の会話

子：ね〜、お父さん、もう1回、練習させてよ。

父：さっき、乗り方の説明もしたし、練習もしたよ。公園を5周もした。もういいだろ。お父さん疲れたよ〜。

5組目の親子の会話

子：お父さん、もう後ろをもたなくてもいいよ。僕1人で自転車をこいでみたいよ。手を放してよ！

父：え〜〜、まだダメだよ。さっき練習を始めたばかりじゃないか。まだ1人では無理！

この5組の親子のその後がなんとなく想像されますね。ちょっと嫌な気持ちになったり、やる気を失ってしまったりしているかもしれません。なぜでしょう？

5組の親子は、ここがうまくいっていません。

1組目の親子：お父さんの言葉は、子どもの「やってみよう！」というチャレンジする気持ちややる気をそいでしまうかもしれませんね。

2組目の親子：自分はしっかり守ってもらえるのか不安になったりしますね。不安と恐怖で踏み出すことがとても困難かもしれません。しっかりと守ってもらえる安心感がなくては前に進めません。

3組目の親子：自分の自転車の後ろをもって乗り方を教えてくれる人を信頼できていないようです。これではチャレンジできませんね。お父さんには言われたくない！という気持ちになりますね。

4組目の親子：練習は必要です。安全な場所で、何度も何度も練習に付き合ってくれる人がいるからうまくなるのです。

5組目の親子：誰かに聞いた通りや、同じことを何回も繰り返すやり方だったり、マニュアル通りの練習を10分間、次に〜〜の練習…という具合に、自分の上達スキルに合わせることなく進められると、楽しくなくなりますね。

　では、どうすれば改善できるのでしょう？　次に【5つのP】を使った声かけを紹介します。

許可：「やってみたい！」「チャレンジしてもいいんだ」というメッセージ
- （小学校1年生の）ワタルはずいぶん大きくなったな！　充分に自転車に乗れる背丈になっているから大丈夫だ！
- お兄ちゃんになったね。もう自転車に乗ってもいいね。
- 準備は万端だ！

保護：「誰かが守ってくれている」「1人じゃない」という安心のメッセージ
- お父さんがしっかり自転車の後ろをもっているよ。
- 危険から君を守るよ。
- お父さんも自転車を初めて乗る時は、ビクビクしたことを覚えているよ。

効力：「この人に任せていい」「頼れる人」「こんな人になりたい」と思わせるメッセージ
- お父さんに任せとけ！（ジャージを着こなして、やる気満々のお父さん）
- お父さんも自転車にうまく乗ることができるよ、と乗っているところを見せる。
- お父さんは、何人にも（お母さんにも）自転車の乗り方を教えたことがあるよ。

練習：練習の環境を作ってあげるメッセージ
- お父さんが自転車の後ろをもっている基本練習からスタート。

- さあ、練習をしよう。
- 何度でも練習に付き合うよ。

直観力：今ここでの状況を見て、休憩をとったり、やり方を変えてみる
- うまくいかない時は、休憩をとったり、練習時間を調整したりする。
- 練習方法に変化をもたせてみる。
- うまく走り出したらタイミングを計り、お父さんは優しく自転車から手を放す。

　お父さんが感じる「今ならいける！」は、小学校1年生の自転車乗りの体験になくてはならない大きな瞬間でもあります。

　このあとは、自転車を乗りこなすことができたことに、父子は満面の笑みでハイ・タッチです。

> 誰かに何かを教える、育てる時に、一生懸命になって空回りした経験はありませんか？　こんな時は5つのPを活用して声かけをしてみてください。あなたが教えられる時も、バランスよく5つのPができているかを確認すると、うまくいっている点や改善点が見つかるかもしれません。ここでも忘れないで欲しいことは、I'm OK–You're OKのポジションをキープすることです。うまくできない相手や自分自身を責めたり、情けなく思う必要はありませんよ。

場面6 結婚してビックリ！ そんなやり方、考え方があるの!?

> ある日の夕食後…
> **新妻**：食後のデザートはりんごよ。(テーブルにリンゴとナイフを置く)
> **夫**：いいね。
> (妻は食器を片づけテーブルに戻りました。りんごがそのまま置いてあるのを見つけて)
> **新妻**：あ！ りんごの皮が剥けてないわ。
> **夫**：えっ？ 僕が剥くの？
> **新妻**：わが家ではお父さんの役割だったわ…。

組織文化（97ページ）自我状態構造モデル（187ページ）

　各家庭にはそれぞれ大切にしている価値観があります。育ってきた環境で価値観が異なるのは当然のことですね。つまり、どの家庭も独自の組織文化（ファミリー・カルチャー）をもっているということです。

　相手の家庭が大切にしている価値観を否定したり、許すことができなかったりするとストレスが生じます。例えば、出身地が違う夫婦では、ちょっとした言葉の使い方や捉え方が異なるため、やりとりの中ですれ違いやストレスが生じたりします。

　ほかにも、国民の祝日には日本国旗を掲げる・掲げない、誕生日のお祝いの仕方やお祭りの際の各家庭の役割や行事料理などは、その地域の文化や各家庭が大切にしている価値観が反映します。それぞれがもつ文化が、新婚家庭という新しい組織に与える影響は大きいといえます。

　よく耳にするのが、結婚して初めて迎えるお正月の準備や過ごし方に大きな違いがあって戸惑ったという話です。継承したいものと、時代や生活スタイル、住んでいる地域等で、継承が難しいものもあるでしょう。

　完全に従うのか、どう折り合いをつけるのか、夫婦それぞれで自我状態の

(P) の中にある"親から受け継いだメッセージ（価値観）"の検討が必要になります。その情報を吟味し、新しい家庭のファミリー・カルチャーを作り上げていくことも楽しいですね。

場面7　結婚契約書を作るカップルをＴＡ理論で分析！

> 彼女：毎月、△日は初めて出会った記念日だから、その日は外食にしようね！
> 彼　：いいね。
> 彼女：じゃあ、洗濯は私がするから掃除はあなたがしてね。夕食は月水金が私で、火木はあなたが作って。週末はデートっていう約束はどう？
> 彼　：そうだね！

☞コントラクト（114ページ）

　最近、結婚する時に「結婚契約書」を書くカップルが多いと聞きました。その内容は、毎月いくつかある記念日には2人で外食をする、掃除の分担は、夫が〜〜、妻は〜〜する、と続くそうです。これは契約（コントラクト）というより、マニュアルといった方がいいかもしれません。ちなみに、マニュアルには、選択肢はありません。自律性は低いですね。組織によってはマニュアル通りにしないと解雇（！）になることもあります。ちょっと怖いですね。

　結婚にまつわるコントラクトについて、こんな言葉を思い出しました。
「健やかなる時も、病める時も、喜びの時も、悲しみの時も、富める時も、貧しい時も、これを愛し、これを敬い、これを慰め、これを助け、その命ある限り、真心を作ることを誓いますか？」
　シンプルな言葉ですが、自律性（気づき―自発性―親密：186ページ）が感じら

れます。

　ＴＡ組織理論でいうコントラクトとは、「定義された内容を実現するために、一緒に協力し合い、互いに責任を分かち合う」というものです。そこに罰則はなく、「一緒に協力し合って」(I'm OK–You're OK) という概念が存在します。

場面8　組織を運営する時はＴＡ理論をフル活用してみよう

> 平成 XX 年 XX 月、○○大会という大きなプロジェクトを開催することになりました。
> 内容、規模、日程、開催地などを一から決めます。何から手をつけたらいいのか、どのような判断基準が必要なのかが、このプロジェクトの成功のカギとなります。

☞さまざまなＴＡ組織理論

　「大会を実施する」(ゴール)と決めた時点からすべては始まり、決算報告書が承認された時点まで組織は存在し、そこで終了します。

　表の①〜③は次の内容を示しています。

　①……その間のいくつかの大きな動き

　②……①に関連する課題、解決したい点

　③……その時点で役立つＴＡ組織理論

①必要なこと、活動など	②解決したい点、留意点	③主なTA組織理論	
		グループ・ストラクチャー	グループ・ダイナミックス
大会実施を決める	目的や対象者を明確にする	メジャー・グループ構造	コントクラト
予定を立てる	スケジュールを決める	スケジュール	コントラクト
必要な委員会の設立	各委員会の内容、その役割を決める	役割ダイヤグラム	コントラクト リーダーシップ
各委員会の委員長を決める	依頼、委任する	人事ダイヤグラム 名簿ダイヤグラム 個人構造 権威者ダイヤグラム	コントラクト リーダーシップ
各委員会のサポーターを決める	サポーターを承認、把握し、役割を明確にする。	名簿ダイヤグラム 人事ダイヤグラム 個人構造 権威者ダイヤグラム	組織文化 グループ・プロセス コントラクト
各委員会の活動が活発になる	いろいろな問題や、委員会間の折衝や協働作業が始まる	個人構造 権威者ダイヤグラム マイナー・グループ構造 バウンダリー	内的グループ・プロセス コントラクト リーダーシップ バウンダリー

対外的折衝が増える	誰もが理解できる折衝時の判断基準を保つ	個人構造 権威者ダイヤグラム	外的グループ・プロセス 組織文化 リーダーシップ コントラクト
当日のボランティア募集	当日会場で主催者側となって動く人達の教育と活動内容の伝達	名簿ダイヤグラム 役割ダイヤグラム 個人構造 権威者ダイヤグラム	コントラクト リーダーシップ 組織文化 配置ダイヤグラム
大会間近になると各委員会の活動がさらに複雑になる	より多くの人達が相互に複雑に関わることが多くなり、責任の所在を明確にする	権威者ダイヤグラム 名簿ダイヤグラム 個人構造 スケジュール	コントラクト 内的グループ・プロセス 外的グループ・プロセス リーダーシップ やりとりダイヤグラム
当日のシミュレーションを重ねる	敏速な対応に応じるための本大会の組織文化の確認	グループ・イマーゴ 個人構造 権威者ダイヤグラム スケジュール	コントラクト 組織文化 リーダーシップ 配置ダイヤグラム

　この表を見ておわかりの通り、どの時点にも**「コントラクト」**が記されています。それほどコントラクトは重要です。

　この例の場合、

ゴールは、『〇〇大会を開催する』
　コントラクトは、『大会期間中に、大会参加者や関係者それぞれから「参加してよかった」「関わってよかった」という声が聞ける大会にする』ことでした。

　このコントラクトの内容は、小学校1〜2年生の子どもが理解できる言葉にして共有しました。このようにコントラクトの言葉をわかりやすくすることは、コントラクトが達成された事実をみんなで共有できることにつながります。
　人が動きだすと、権威者ダイヤグラムや配置ダイヤグラムができあがり、同時期に、リーダーシップ機能を発揮することで、責任の所在と自由な活動を生みだしていることがおわかりだと思います。
　それぞれの活動内容が直属のリーダーを通じ、組織全体で把握、管理できている状況です。
　なお、表に記したＴＡ組織理論はその場面の組織の構造と機能を診断、分析するための主だった理論です。表に書かれた理論以外に、ストローク理論、ラケット感情、ゲーム理論、人生脚本、ドライバー、自我状態やエゴグラム他、すべてのＴＡ理論（きほんのき：185ページ）を頻繁に活用しました。

　人の集まりが組織となるので、人と人とのやりとりをじっくり観察する（傾聴する）ことはとても重要です。5名の組織であっても、100名、それ以上の大きな組織であっても、会話の中に問題の火種がひそんでいることに気づくことが大切です。
　そして、何度もいろいろなＴＡ組織理論を試してみることで、理論の使い勝手がさらによくなります。それは、自我状態機能モデルを学び、そこから目の前の人のエゴグラムを瞬時に描くことが可能になるまで、幾度も練習を重ねるのと同じです。何度も練習したり、仲間と話し合ったりすることで、熟練度を上げることができます。

最初は、家庭はもちろん職場でも、ほとんどの問題をストローク理論（192ページ）の活用で解決した体験をお持ちのＴＡ実践家も多いと思います。それと同じで、まずは使い勝手のいいＴＡ組織理論をもち、組織診断に活用してみてください。そこから始まります。

> 組織を運営していると、日々いろいろな刺激が組織内外で発生し、問題の早期発見とその解決の繰り返しが迫られます。組織の問題発見・診断は、グループ・ストラクチャーとグループ・ダイナミックスの２つの面から考えることができます。
> 私は、バウンダリーの概念を使うところから始めました。このバウンダリーの崩壊や侵害が、組織がうまくいかない原因になっていることが多くありました。そこからグループ・ストラクチャーやグループ・ダイナミックスを見ていくと、理解が早まった体験があります。

●個人のコントラクト

　150〜151ページの表からもわかるようにコントラクトは大切な概念なので、この機会にさらに掘り下げておきたいと思います。
　コントラクトは、『**その組織で定義された、組織が求める内容・成果**』です。したがって、その内容や成果について組織を構成している全員が、明瞭に理解しなければなりません。
　コントラクトとは、全員がそれに向かって動ける『**明確なゴール**』のような役目です。物理的に離れ離れになっても、やり方は違っても目指すゴールはひとつです。

組織全体のコントラクトとは別に、個人のコントラクトも周囲のメンバーと共有され、互いにサポートし合って成果を手に入れることも重要です。

『燃え尽き症候群』という症状をお聞きになったことはありますか。大きなプロジェクトを終えたあとや、念願の大学に入学後など、一定期間の過度の緊張やストレス状況のあと、そこからの解放後に極度の徒労感や何かしらの不満が表れた時の症状といわれています。

プロジェクトは成功しても「やらされた感」や「もう二度としなくない！」と思ったりあるいは、体調を崩すということもあります。

プロジェクトを進める中では、○○を学んだとか、人脈ができたとか、これで△△の勉強ができる基盤ができたとか、自分自身のコントラクトをもつことは大切です。それらがないと、ただただプロジェクト実現のために動いたという、ちょっと寂しい結末を誘ってしまうかもしれません。

「一体、このプロジェクト（受験）にかけた私のエネルギーはなんだったのかしら？」と振り返るのは寂しいことだと思います。それを解決してくれるのが、大きなコントラクト以外にもつ自分自身（個人）のコントラクトの存在です。

大会の例に戻りましょう。個人のコントラクトを考える時にも、大会の実施・成功は目に見える明確なゴールであり、そのゴールは大会を企画、運営する主催者委員会のメンバー全員が協力し合って作りだすものです。

大会のゴール「○○大会を開催する」とは別に、主催者委員会のメンバー一人ひとりが大会を実施、成功させるために活動して、『何を手に入れるか』というその内容が、組織構成員一人ひとりのコントラクトになります。さらに具体的な例を挙げて説明しましょう。

（例）Tさん（ボランティア・リーダー）の個人のコントラクト

Tさんの仕事はボランティア募集に始まり、当日はその人達を束ねるボラ

ンティア活動の責任者です。Tさん個人のコントラクトは、『今回の経験を通じて、ボランティア活動の楽しさを互いに味わい、ボランティア同士がまた一緒に何かをしたい！と思う体験を作る』です。
　大会開催のコントラクトとは別に、個人的に手に入れたい成果をもっていることがおわかりいただけると思います。
　Tさんのコントラクトを達成するために、Tさん自身はもちろん、主催者委員会のメンバー、ボランティアのメンバーも協力します。
（Tさんからこの内容掲載の許可をとりました。これもコントラクトのひとつです。）

　最初は何を手に入れたいのかわからなくても、途中で手に入れたいものが見えてきたり、プロセス（活動）で手に入れたものを最後のリフレクション（振り返り）で確認することができればいいですね。自分自身にストロークができるかどうかでもあります。
　コントラクトは変更することもあります。最初に締結したコントラクトも組織が動きだしたり状況が変化した場合に、再度見直します。それを【再コントラクトする】といいます。企業が、景気や諸条件の変化の結果、予算を上方修正や下方修正するのもそうですね。

研修や仕事の過程や完了後にもやもや感があったり、心理ゲームに気づいたりした場合は、コントラクトが明瞭でないことが多いようです。こんな時はコントラクトの再確認です。より具体的に活用方法を学びたい方は『ＴＡ組織理論トレーニング』を受講してみてくださいね。（4ページをご参照ください）

場面9　「ちょっと覗きに来ました」事件をＴＡ理論で解説

> ある方の紹介で、私（筆者）がＴＡの１日セッションを部屋を借りてすることになりました。セッション当日の午後になって、突然ドアが開き１人の男性が入ってこられました。
> **私**：何か御用ですか？
> **男**：いえ、何か開催してるって聞いたので、少し覗きに来ました。

☞外的境界線（18ページ）

私：用事、じゃないのですか！？（すでにＣＰの言い方になっている私でした）
男：ううん、用事じゃないの。何をしてるのかと思って来てみたの…。
私：私は仕事中なんです。用事がないのならお引き取りください！
男：（後ずさりして、退室）
私：ふ〜っ！

　これは、男性の突然の侵入による外的境界線の崩壊でした。参加申し込みをされた方は入室可能ですが、参加申し込みなく入室すると侵入になります。
　ドア（バウンダリー）を開けて突然入室してきたその瞬間、ＴＡセッションが一旦中断しました。この時、機能するグループ・イマーゴも崩れました。

　今回のように、部屋にカギをかけていないという建物の構造上の境界線がゆるい場合、外部からの侵入を招いてしまうことがあります。また、物理的ではなく、受講費用の未払いや受講資格といった条件や要因をクリアせずに境界線内に侵入してくる時もあります。

この場面のように、グループのファシリテーター（私）にはグループのメンバーを守る責任があり、境界線をしっかりと意識する必要があります。
　場面9の代替案としては、ドアに鍵をかけたり「関係者以外の入室お断り」の札をドアに掲示することもできます。

> 境界線の内部に入るためには、外的機構要素や内的機構要素に示された何らかの条件を満たす必要があります。それら機構要素は、組織を構築するために必要な役割や資格、基準などで、組織を健全に運営するための条件です。
> ある境界線内に入ることができた人が、I'm OK–You're Not OKでもないし、入ることができないからI'm Not OK–You're OKと思い込んでしまうことは間違いです。そう感じる必要もありません。
> 経験、体験、知識、その他の条件での区別や順列は存在しても、すべての人は人として、I'm OK–You're OKの存在です。

場面10　駅前に並ぶいろいろな塾

> 私の家の近くでも、学習塾がたくさん開かれています。A塾とB塾、C塾の違いは、チラシやご近所のうわさによると、3校それぞれです。
> A塾は、個別指導を強調し、誰でも入塾可能、学校の試験の成績アップをうたっている塾です。
> B塾は、入塾前に試験があり、合格者のみ入塾できます。有名校への入学率が高い塾です。
> C塾は、○○系の学校を目指す生徒を専門に受け入れる塾です。

バウンダリー（16ページ）組織文化（97ページ）

　ここでは、各塾の特徴（組織文化）が明確です。つまりバウンダリーが明瞭なので、親や子ども達はそれぞれの特徴を吟味して塾を選ぶことが可能です。

　でも、何らかの理由でB塾、C塾もA塾と同じように誰もが入塾できるといったうわさが流れ始めると、A塾を選んだ親子は「B塾へ移ろうか？」と思うかもしれませんし、B塾、C塾を選んだ親子は「選ばれて入った」というステータスがなくなったと感じるかもしれません。子どもや親達の気持ちはざわつきます。

　バウンダリーが崩れると、そこに関係する人達は不安定さを感じます。この場合、うわさについて、保護者や子ども、塾関係者のアダルト（A）に向けて説明することで、関係者を保護することができます。

場面11　ご近所付き合い（in 大阪）にバウンダリーを当てはめる

> 母：隣の家のお姉ちゃん、東京から帰って来てるねんて。
> 娘：え〜！　東京の大学に行ってたもんなあ。変わってるかな？　会いに行こっ！
> 母：じゃあ今日作ったおでん、もって行って。お姉ちゃん、好きやったもんね。

☞ バウンダリー（16ページ）

　私が幼い頃のご近所付き合いはざっくばらんで、「今日、お隣さんにお客さんが来てたわ」とか「あっ、お醤油がきれてしまったわ。お隣で借りてこよう」といったことが普通にありました。ＴＡ組織理論でいうと、あの頃の近所付き合いは、ハードなバウンダリーというより、ある種ソフトなバウンダリーをもっていたといえますね。

> ハードなバウンダリーの例もひとつお伝えしましょう。
> ITAAには、TA実践家とクライアントや研修参加者を守るために、『ITAA倫理観』と『ITAA倫理綱領』が存在し、ＴＡ実践家にそれらの実践を求められています。
> 『ITAA倫理観』の中には、ＴＡプロフェッショナルとしての明瞭なバウンダリーが定められています。例えば、ITAAの資格には、臨床、教育、組織、そしてカウンセリングの４つの分野があり、それぞれ資格は明瞭に区別されています（バウンダリーが明確）。取得した資格での活動をしなければなりません。
>
> 参照：ITAA倫理観と倫理綱領
> http://ta-trainingandcertification.net/ta-ethics.html

場面12 個人事務所が組織へ成長する時

> 個人事務所は文字通り1人で立ち上げることが多いですね。1人で事務所を運営している間は、「個人のアイデンティティ＝事務所のアイデンティティ」となることが多いです。
> そのうち経理を担当する人や営業を担当する人達が集まって事務所が組織として発展してくると、このアイデンティティはどう変化するのでしょうか？

☜個人構造（39ページ）外的境界線（18ページ）内的境界線（23ページ）
自我状態機能モデル（187ページ）外的機構要素（20ページ）内的機構要素（23ページ）

　組織の「らしさ」や「アイデンティティ」（個人構造）は、外的境界線と内的境界線が作ります。

　場面12のようにスタッフが加わり、経理担当者や営業担当者それぞれの活動が活発になってくる（個人構造が明瞭になってくる）と、部署としての内的境界線が明瞭になり、徐々に組織らしくなってきます。その後、経理や営業の人数が増えても、最初にできあがった経理や営業グループの「らしさ」は踏襲されることが多いです。こうして各グループが協力、影響し合って、ひとつの組織ができあがっていきます。

　例えば、ある営業部は、自我状態（NP）と（AC）が高い集団であったりすることがあります。これは当初のメンバー（リーダー）によってできあがったアイデンティティといえるでしょう。この営業部に（A）が高い人が入ってくると違和感を感じるかもしれませんが、それが組織改革につながる意図ある策かもしれません。

　個人事務所のオーナー1人から始まったアイデンティティは、各グループの色が加わって組織の文化へと成長していきます。

場面13 クラス運営をＴＡ理論で考える

> 「先生〜！ ○○ちゃんがいっぱい話しかけてきて勉強できませーん！」
> 「コラ！ ○○、静かにしろー」
> 教室でよく見かけるシーンです。こんな時『誰か』の行動に注目しがちですが、ＴＡ組織理論を活用すると、人以外にも整備すべきポイントが見えてきます。

👆 メジャー・グループ構造（30ページ）他

　クラスの組織構造について、次の①〜⑩を切り口に診断し、まず問題点を明確にして次に解決法を考えます。

　各項目にディスカウント（163ページ）や誇張（164ページ）がないかを見ると問題がはっきりしてくるでしょう。

①メジャー・グループ構造のダイヤグラムを描く

右のダイヤグラムのように、大きな円と小さな円で表します。真ん中の小さな破線の円は、担任の先生と生徒達とを区別します。このダイヤグラムで「○年○組」とします。

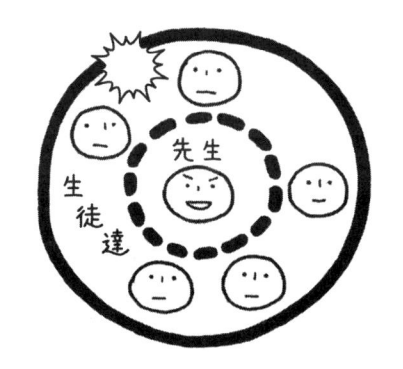

②外的機構要素

外的機構要素は「○年○組」を他のクラスと区別する要素をさします。円の中に入る人達（ここでは生徒達）の課題や義務、責任、あるべき姿も表します。場面13では、どんな子ども達がクラスにいるのかを把握することが外的機構要

素になります。

③内的機構要素
先生と生徒達を区別する小さな円の基準です。どんな先生なのか、また外的機構要素と同じくこの先生の資格、課題や義務、責任、あるべき姿も表します。

④外的境界線
建物をさす場合、教室のドアが壊れているとか、窓ガラスが割れているというのは、まさしく外的境界線が壊れている状況です。これでは、教室運営がうまく進みません。また、○年○組に関係ない人の出入りが頻繁にある、いるべき生徒／先生が教室内にいないというのもこの外的境界線の崩壊といえます。

⑤内的境界線（ここでは、先生と生徒を区別する破線のライン）
このラインを明瞭に保てないと、先生と生徒間のトラブルを招く原因になります。この境界線の崩壊は、例えば、生徒と先生の（心理的）ゲームだとか、ストロークの交換がなかったり、ディスカウントがあったりなど、今までのＴＡ理論を通じて分析することができるでしょう。

⑥設営ダイヤグラム
教室内の座席を含むレイアウトを描いたものです。教室内が整理整頓されていないと、授業に集中できません。展示物が乱れていたり、物が壊れたままだったりすると危険です。

⑦役割ダイヤグラム
○○委員等の役割や、運動会、文化祭、遠足など、学校行事のつど、新たな役割ダイヤグラムは作られます。それぞれの役割の内容が不明瞭だったり、役

割を引き受ける生徒がいなかったりすると、教室運営が進みません。

⑧名簿ダイヤグラム
出席簿や住所録等をさします。個人情報なので取り扱いに注意が必要です。

⑨人事ダイヤグラム
役割と担当生徒の名前を明記したもの。多くは教室内に張り出され、周囲に告知されている情報です。誰がどの役割を担っているのかをしっかりと表示する価値はとても大きいです。学級委員長〇〇さん、風紀委員△△さんなど。

⑩スケジュール
時間割、月間、年間行事のスケジュール並びに、年間の指導要綱スケジュールなどをさします。スケジュールが不明瞭であったり、守られない（スケジュール管理がされていない状況）と、生徒は安心できません。

> 生徒間の心理的ゲームだとか、ストロークの交換に不備があったり、【ディスカウント】や【誇張】等が多発している場合も、学級崩壊が生まれます。また、先生並びに生徒それぞれの家庭内での関係や、健康状態が教室に大きく関わることもあります。関わる大人達がしっかりと見守り、解決の糸口を見つけて改善したいものです。ディスカウントと誇張について以下に簡単に説明していますので、参照してくださいね。

ディスカウント：問題解決に必要な事象を無意識に無視したり軽視すること。
（例1）宿題をやってこなかったことに対して「問題が難し過ぎて私にはできない…」と言い訳をする時は、自分の能力のディスカウントかもしれません。

（例2） 先生が、生徒達が理解していないのにもかかわらず、黙々と授業を進めてしまう。

誇張：ディスカウントによって無視・軽視された部分以外を必要以上に大きくしてしまうこと。

（例1） 宿題をやってこなかったことに対して「こんな難しい問題ばかり！」と難しさを大げさに言って言い訳する。

（例2） 先生が、生徒の実際の理解度よりも、年間授業目標を重要視してしまっている。

場面14　経営者の集いで自分の会社を診断することに…

> 自分の会社は「アットホームな組織だ」とアピールしている経営者がいました。その人にグループの1人が「トップが思っているほどアットホームではないのでは？」という投げかけをしました。なぜなら、そこの従業員が仕事についてあまり活発に発言せず、むしろ経営者の指示に不満も言わず素直に従っているように見えるからでした。
> そこで、その会社がアットホームな組織なのか、トップダウンの組織なのかを診断しようということになりました。

📖 3つの視点（11ページ）組織文化（97ページ）マイナー・グループ構造（31ページ）メジャー内的グループ・プロセス（69ページ）マイナー内的グループ・プロセス（72ページ）

　質問票の分析から、組織の経営状態や仕組み、人間関係について従業員はどう捉えているのかを知ることができます。そこから従業員の自律性あるいは、シンビオシスの関係にあるのかを発見するきっかけが生まれるでしょう。

リーダーが、自分の組織について「スタッフからの不平や不満がなく、和気あいあいと仕事ができる家庭的な組織だ」と思い描いていても、「実際はどうなんだろう?」と、まずは、バーンの**【3つの視点】**(11ページ)等を使って、セルフ・チェックが必要かもしれません。現場のスタッフにインタビューしたり、経営者からの言葉や、さらに客観的な情報として外部関係者から情報を集めて内的グループ・プロセスや、組織文化等を見直し、リーダーの理想と現場の状況を比べることができます。

　まずは、バーンの『3つの視点を見る』を試してみましょう。

	（5：はい　3：わからない　1：いいえ）
①　経営や売上について心配な時がある	5－3－1
②　将来性はあるのか	5－3－1
③　企業として成長、成果が出ていると思う	5－3－1
④　今の組織は、トップダウン（指示待ち）の組織だ	5－3－1
⑤　休暇や休憩はとれている	5－3－1
⑥　同僚や上司、部下と一緒に話し合う機会がある	5－3－1
⑦　自分のプランや発想など情報交換ができる	5－3－1
⑧　同僚や課内の人達に仕事内容を教えてもらえる	5－3－1
⑨　シフトはしっかり守られている	5－3－1
⑩　現場の人材、人材の発掘、教育についてうまくいっている	5－3－1

※上記①〜⑩は一例です。わかりやすいように、①〜③は生産性への質問、④〜⑥は会社の仕組み、⑦〜⑩は人間関係に関する質問としてみました。実際には、自分の組織にあった文言で質問票を考えましょう。

> 質問票の文言は、業種や業態でも異なります。組織のトップが何を考えているのか、トップの「組織への想い」「理想」等を明確にする作業も同時に必要となります。組織に求めるものが異なると、質問票に使う言葉が変わります。

場面15　進路相談。親のOKをもらうには？

> 高校3年生になった翔くん。東京の大学に進学して下宿することをお父さんに承諾してもらいたいのですが、まずはお母さんや伯父さんに相談してアドバイスをもらい、お母さんからお父さんに根回しをしてもらうことにしました。

権威者ダイヤグラム（42ページ）

　この家庭の公式権威者ダイヤグラムのトップはお父さんです。翔くんのプランは、お父さんに最初に話すよりも先に、非公式の権威者であるお母さんや伯父さんに相談し、いろいろな準備を整えたあとに、お父さんに相談するという手順で進めた方が、よりスムーズに東京での下宿の承諾は進むという読みです。

　もちろん翔君は、伯父さんやお母さんからの援護も期待しています。お父さんに話す時は、儀式的・形式的な相談となる場合もあります。

　権威者ダイヤグラム、一般的に「組織図」と呼ばれる場合が多いのですが、簡単にいうと「誰に承諾をもらうか」「誰からストロークをもらうか」「誰が責任者か」ということを図式化したものです。翔君は、しっかりこの定義を承知の上で、関係者全員からOKをとりつける手順で進めていますね。

組織を動かす時、公式権威者ダイヤグラムに従っていないと業務がスムーズに進まないばかりか、表面上はうまく進んだように見えてもギスギスした人間関係になることもあるので、充分な注意が必要です。非公式権威者ダイヤグラム上ですでに決定した周知の事実でも、表向きは公式権威者ダイヤグラム通りに進めた方がいいようです。

　自分自身が所属する組織や、関係のある組織が、どのような権威者ダイヤグラムで動いているのかを知ることは、組織の存続ならびに、自分自身のその組織内での存在を維持するためにも大切な観点です。有効な権威者ダイヤグラムは、日常の会話や動きの中から推測、知ることができます。

場面16　初めてパソコン教室に通うことに…

> パソコン教室に通うことになりました。初日にチラシやパンフレットを握りしめてドキドキしながら教室に行きます。チラシにあった写真や文言を実際に目にしたり、スタッフや先生に声をかけられたりすると、事前グループ・イマーゴから順応／機能するグループ・イマーゴに調整しやすく、パソコン教室への参加意欲が湧きます。

☞グループ・イマーゴ（49ページ）

　お稽古事を始める時、「どんな所だろう？」「なじめるかな？」「受け入れてもらえる？」「周囲についていけるかな？」と、不安な気持ちになります。
　場面16のように初めて参加した時、お稽古事の主催者側から自己紹介などがあると、初めての参加者は心が落ち着いてきて「ここにいてもいい」という安心感（許可）を得ます。つまり、「私は間違った場所に来ていない。ここは安全」というポジションに早く着いてもらうように、主催者は気配りが必要です。

チラシは、事前グループ・イマーゴを作る重要な情報源なので、できる限り鮮明に告知すると、順応するイマーゴに短い時間で移行できます。チラシなどに載っている言葉、イラスト、画像等、現実とかけ離れないお知らせが有効です。例えばチラシに載せている講師の写真が10年前のものだった…ということのないようにしましょうね。

> この時、【3つのP】（許可・保護・効力）を考慮することでさらに安心感ややる気をサポートすることができるといいですね。もちろん、講師側は、パソコンの実習に入れば3つのPに練習と、直観をプラスした【5つのP】を駆使して、パソコンの迷える子羊さん達を指導してくださいね。

場面17　コンサートはなぜ、なじみの曲から始める？

> コンサートで最初に演奏する曲は、聴衆になじみの曲を選ぶことが多いですね。例えば、ヒットした持ち歌や誰もが知っているアニメソングです。なぜでしょう？

☞グループ・イマーゴ（49ページ）

グループ・イマーゴの調整から考えると、幕が上がる前の聴衆は聞きたい曲をイメージしていたり、いったい何が始まるのだろうとワクワクしていたり、少しの不安が入り混じっていたりの状況（事前グループ・イマーゴ）です。

そこで聴衆のほとんどが知っている曲から入ると、会場は一気に機能するグループ・イマーゴや親密を表す再順応するグループ・イマーゴに移り、盛り上がります。それを作りだすのがそのグループのベスト・ヒットや、周知のアニメソングであったりします。

事前グループ・イマーゴから機能するグループ・イマーゴにもっていくには、情報の共有化がもっとも有効です。例えば、誰と誰がつながっているなど何か共通項があると、よりスムーズに、パワフルに進みます。

　～～で一緒だったメンバーが同席とか、同じ目的や体験をしている人達あるいは共通の友人がその場にいるとか、知っている音楽が流れるなどです。うまく共有できると機能するグループ・イマーゴへ瞬時に移行できます。

場面18　サプライズ・パーティは事前グループ・イマーゴ無し!?

> ある友人の誕生日に知り合いが集まり、彼女の母親にも協力してもらってサプライズ・パーティを開くことになりました。真っ暗な部屋の中で早くに集まった友人達は固まって彼女の帰りを待ち受け、合図と共にハッピー・バースデーを歌いながら出てくるというお決まりの設定です。
> 彼女が帰宅すると、母親が「早く早く、リビングに来てちょうだい！」と叫んでいます。いつもと違う様子に彼女はおろおろ…。そして、バースデーケーキに目が留まり、「どうなってんの？　このケーキどうしたん？　えっ？？？」そこに、ハッピーバースデーの歌と共に友達が登場！

☞グループ・イマーゴ（49ページ）

　これはまさに、事前グループ・イマーゴが全くない状況から親密の状況に移行する典型的な仕掛けです。でも、この種のパーティがあまりにも想像とかけ離れた仕掛けだと、当事者は恐怖や怒りを感じてその場から去るということもあります。ご用心くださいね。

　突然の訪問、知らないところへの飛び入り等は、事前グループ・イマーゴ無しで、目の前の現状に順応することを求められるので、ストレス度は高いです。

順応するグループ・イマーゴまでの時間が通常よりかかる場合が多いです。今までの自分のもっているデータに順応できないと、その場を去る状況を作る可能性もあります。

> 事前グループ・イマーゴから、順応するグループ・イマーゴに調整している時は、チャイルド（Ｃ）で反応することが多く、スクリプトに影響されやすい状況です。その場の状況が、自分にとって居心地がいいのか、そうでないかを察知しようとしています。その時、（Ａ）に的確な情報が入れば、（Ｃ）も納得し落ち着くということですね。
> 的確な（Ａ）の情報の提供、収集が必要なわけです。

　これからご紹介する４つの場面（場面19〜22）は、組織や学校、あるいは家庭でも起こる話です。
　例えば、社内の人間関係がギスギスしている雰囲気を漂わせていたり、グループ／組織がなんとなく活気のない、思うような成果が出ていないような時…。さあ、どうしますか？

　こんな時は、ＴＡ組織理論の【**グループ・ダイナミックス**】（63ページ）を使ってみましょう。うまくいかない箇所や原因をピンポイントで見ることが可能になります。うまくいっていないことに気づけば、あとはその改善方法を考え、実行するだけです。
　まずは、気づきから！　場面を自分の身近なシーンに置き換えて読んでみてください。

場面19 ご近所からの冷たい視線が気になる時は？

> ある日、ご近所から「お宅の桜の木の枝がわが家の庭さきまで伸びてきています。切ってもらえますか！」と、言われました。少々怒っているような…。気まずい雰囲気になりました。

☞ 外的グループ・プロセス（66ページ）

「桜の木が嫌だ」と言われる以外にも、騒音や臭いなど様々なものが原因でご近所間のトラブルに発展します。いずれも外的境界線が脅かされた状態といえるでしょう。つまり外的グループ・プロセスが崩壊した状況といえますね。

このような時は、外部環境からの刺激（音、光、照明、空調、臭い等）の影響を確認する必要があります。取り除くことができるもの（刺激）は早急に撤去します。

また、外的グループ・プロセスダイヤグラムを描くことで、2つのグループ間（お隣同士）のやりとりの問題が関係していることに気づくかもしれません。ストローク理論や、ゲーム理論等も活用してみてはいかがでしょうか。

場面20 「ちょっと話を聞いてくれませんか？」といつも聞き役に

> 隣の課のKさんが、時々「ちょっと話を聞いてくれない？」と、やって来ます。その都度、出来事は異なりますが、内容の本筋はいつも同じで「上司が私を認めてくれない」「私のした仕事を簡単に変更してしまう」といったことです。

☞ 内的グループ・プロセス（69ページ）コントラクト（114ページ）

Kさんと上司の間で、交差交流や裏面交流（190〜191ページ）、心理的ゲ

ム（195ページ）をしていたり、コントラクトが明瞭でなかったり、的確なストローク交換ができていないのかもしれません。内的グループ・プロセスのダイヤグラムを描きながら、当事者のお話を聞き出せるとわかりやすいかもしれませんね。相談者のKさんも自分に何が起こっているのかを視覚化できるチャンスになるかもしれません。組織内部での人間関係がスムーズでない場合は、ゲームやストローク不足、やりとりなどもチェックしてみましょう。

> 組織のコントラクト、Kさん個人のコントラクトが不明瞭だと、場面20のようなことが発生して、組織・現場・自分自身が混乱しますね。また、「やらされている感」「させている感」も不明瞭なコントラクトが関係します。
> Kさんの上司との問題は、上司の家庭を含め他の問題が関係している場合もあります。また、Kさん自身の何らかの不調も原因のひとつと考えられます。いろいろな角度からの検証は重要です。

場面21　レジ前に長蛇の列！　なのに事務所の奥から話し声が…

レジ前で長い時間を待っていると手もち無沙汰で、見なくていい状況が目に入ったりしますね。そんな時、事務所内に人影が見えたり話し声が聞こえたりすると、もう1台のレジを開けて欲しいと思ってしまいます。でも、事務所に見えた人達は、取引先の人かもしれないし、レジをする人ではないかもしれないのです…。

設営ダイヤグラム（33ページ）役割ダイヤグラム（34ページ）
3つのリーダーシップ機能（83ページ）

店側としては、お客様にわかるようなカタチで、名札やポスターで各スタッフの役割や専門性がわかるようになっていると、妙な期待感や妄想をしなくて済むかもしれません。

また、売り場のレイアウトや、スタッフの配属や能力、教育システムの問題、人数が多すぎるとか、少なすぎるなどシフトに原因があるかもしれません。

リーダーシップも考えるポイントかもしれません。3つのリーダーシップ機能を果たす人は存在しますか？

> 改善方法を考える時、TA組織理論（例えば3つのリーダーシップ機能）や今まで学習したTA理論もフルに使ってみましょう。特に、やりとり分析、ゲーム、ストローク、ドライバー、ディスカウント、人生の立場、OK牧場、エゴグラム、ラケット感情などなど、解決の糸口は数多くありますよ。定期的にTAの研修に参加していると、こうした使い方のスキルアップができるので、効果的に役立てることができます。

場面22　自治会の夏祭りの準備委員会でのモヤモヤをTAで解決

> 町内会で夏祭りを開催することになりました。準備委員会で開催日程ほか諸々を決める際に堂々めぐりになってしまい、いつまでも決まりません。あるいは、なかなか新しいアイデアが通らない…。そんな経験、ありませんか？

☞ 3つのリーダーシップ機能（83ページ）3つのP（89ページ）

自治会で行事を行う際、時として「責任者とか言わずに、みんなで仲良くやりましょうよ」といった理由で責任をとるリーダーが不明瞭であったり、ついつ

い口を出す人達が出没した結果、複数の成果を出すリーダーが存在したりする場面などがあります。よくいう「船の漕ぎ手より船頭の数が多い」という集まりですね。

そんな時の行事の遂行は難しさが増すようです。また、組織の中のメンバー達それぞれに異なる心理的リーダーが存在することも多く、その結果、ある人は「無事故」に基準を置き、またある人は「楽しむ」や「チャレンジ」に基準を置く、といった事態になります。これらの人達が決断を下す時の判断基準が異なるので、話し合ってまとめるのは厳しくなる可能性が大きくなるでしょう。

こうした場合、「取締役的長老」と呼ばれるような人が存在すると、その人が心理的リーダーになる可能性は高く話もまとまりやすくなります。組織構成員の中で「あの人に叱られる」とか「あの人に認められたい」という気持ちが生まれるので、そのような長老の存在は大切といわれます。

「あの人がいるだけで会がまとまる」「座っているだけでいい」というのが取締役的長老ポジションなのでしょうね。

場面23　教える、育てる現場に必要な環境作りとは？

> 研修を受講している時、会議やPTAの会合で「何かご意見、ご質問はありませんか？」という短いフレーズを耳にするだけで、身体が縮こまるような感覚を味わったことはありませんか？　これって、何なのでしょうか？

組織文化（97ページ）3つのP（89ページ）
グランド・ルール（185ページ）

私達が生まれた瞬間から、家庭やその後の学校などでの体験が大きく影響して、今の自分自身の日常のパターンを作り上げているということは、TA心理学やそれ以外の心理学でもよくいわれることです。

場面23の導入に書いたような多くの人達が体験する『身体が縮こまるような感覚』は、一体どこで学習したのでしょうか？　どうすれば自由に発言したり、リラックスした中での学びが可能になるのでしょうか？　3つのPを切り口に考えてみましょう。

許可がない：発言をしても、その発言を無視されたり、反対に反撃や攻撃、笑われたりするような体験は、「失敗は許されない」「人前ではもう話したくない」「関わりたくない」「動くことができない」といった頑なな反応を育てるきっかけになります。
　こうした否定的な体験を積み重ねた結果、心のどこかで「もう、質問なんてしない」「自分の意見は言わずに黙っていよう」と決心してしまっているのかもしれません。

保護がない：自分が考えている途中であっても次に進まないといけなかったり、約束を守ってもらえないといった体験を重ねると、信頼感・安心感・予測性などが構築できないので、その場にいることが緊張の連続で、柔軟な学びは困難な状況になり、生産性を上げることは難しくなります。時間に追われるような環境では、安心感が生まれにくいです。
　また、お腹が空いていたり、喉が渇いていたり、トイレを我慢しないといけないといった生物学的な欲求を満足できない環境下では、私達は何か新しいことを学ぶとか、自分の力を十二分に発揮し成果を生むようなことはできません。
　これらの否定的な経験は、「いつ、どうなるかわからない」「我慢しなければならない」「好奇心をもってはいけない」「わからないと言ってはいけない」といった頑なな思い込みを育てるきっかけになります。

効力がない：先生や指導者、リーダーに対してある種の魅力を感じると、「こ

の人と一緒に仕事をしたい！」「この人から学びたい！」と思います。逆に、服装が汚れている、落ち着きがない、言っていることと行動に食い違いがある、ストロークをくれない人に対しては「この人にどうこう、言われたくないな」と思うので、その人からは学ぶことが難しいですね。つまり、効力がない人からの許可も保護もその場にいる人達にとっては、何も意味を成さないということが起こります。

　教える、育てる現場では、まずは学ぶ、育つ環境作りから始まります。「成長してもいい」「発言してもいい」「失敗してもフォローしてもらえる」という身体的・精神的に安全な環境であることにプラスして、「一緒に学びたい」「一緒にいたい」と思う人の存在が必須なのはおわかりいただけると思います。

　これらを作りだすための概念が、【3つのP】です。3つのPの概念を具体化したものが、私達が研修やトレーニングの開始時にお伝えする【グランド・ルール】です。グランド・ルールは、研修やトレーニング参加者を縛り付けたり、不自由にする決まりごとではなく、限られた時間を有効に、より効果的に活用するためのおすすめルールです。うまくいかない【人生脚本】(197ページ)をゆるめる効果もあります。

　グランド・ルール（185ページ）には、次の4つを含んでいます。
- **積極参加**……文字通り、積極的に参加し、わからないことがあったら、いつ質問してもいいよ。
- **パスの権利**……質問に対しての返答がわからない時は、わからないと言ってもいい権利と、発言範囲を自分でコントロールできる権利を使ってもいいよ。
- **相互尊重**……他者への気づかいも大切ですが、自分自身の考えや気持ち

- **守秘義務**……研修やトレーニング期間中の個人情報の取り扱い方を決める。場合によっては、上司など関係者への報告の有無も伝えます。

> 学校、会社、家庭が、『**学ぶ、育つ、自由に発言できる現場**』と変化していくことを実感して欲しいと思います。人を育てる役割の人達にとって、グループや家族のメンバーそれぞれがもつ可能性を効果的に引き出すために、また自律性を高めるために、３つのＰの概念を実践できるスキルが大切です。これらのスキルアップに、ＴＡ心理学は有効です。ＴＡ心理学を学問として学ぶだけではなく、日常的に応用する姿勢と練習により、自分自身の自律と周囲の成長をサポートすることに活かすことができます。

場面24　ある会社が経営陣を刷新しました

> 組織の「トップ陣営の交代」はなぜ、ハラハラ、ドキドキするのでしょうか？トップが変わることで、組織の人達の仕事の中身や出世などに大きな影響を及ぼすからです。これをＴＡ組織理論で見てみましょう。

☞ 組織文化（97ページ）

　日本企業の経営陣のトップに海外からの人材を採用するという話を耳にすることがあります。それはまさしく、長年の経営の中で固定化したその企業文化（和風の価値観）と、西洋の価値観とを差し替えるという大きな変化をもたらすための策といえます。

　その結果、今までその企業内で「良し」あるいは「当然」とされていた考え

方や行動のすべてがひっくり返るという事態も生まれます。
　そこで働く従業員は、それらの変化に自分がどう対応していくのかを問われます。

　このような大胆なトップの人事交代は、従業員一人ひとりの価値観や行動基準などにも大きく影響を与えます。反対にいうと、トップが交代したあるいは、経営方針が大幅に改革されたのに、現場では淡々と仕事が進んでいるという組織は、「そのトップ交代がうまく機能していない」といえるかもしれませんね。
　例えば、今まで1カ月の猶予があった仕事を、1週間で完了するというような今までの価値観ではありえないことへのチャレンジが企業の体質を変えていく一歩といえます。
　現場では、「なぜこのような事をしなければならないのか」「やってどうなるんだ」「こんなこと、到底できっこない」「私達の組織をわかっていない」というような否定的な反応が起こることは容易に考えられます。

　組織文化を変えるということは、大きなストレスです。文化を変えるということは、現場で今まで1人でやっていた仕事を分担したり、あるいはその反対であったり、今まで考えなかったやり方で仕事を進めることになります。
　例としては、自動車メーカーのＮ社、タクシー会社のＮ社などが、まだ記憶に残っているのではないでしょうか。

　その企業内外の関係者が驚くほどの畑違い、価値観や商慣習の異なる人達の組織への導入は、高いリスクも考えられますが、本来の『体質改善』には必須な策かもしれません。
　不祥事を起こした組織のトップが交代することは、テレビ等で目にすることもありますが、後任のトップ陣が同じ組織／同じ派閥の人間である場合は、あま

り大きな変革を期待できないと私は思ってしまいます。

● **組織が変わる**

　ここで変えてはならないことは、組織のもつ『**存在意義**』『**企業理念**』です。人に例えるなら『**幸せになるために生まれてきている**』ということですね。あなたの組織は『**何のために存在しているのですか？**』という、まさしくその企業の【**コントラクト**】ともいえます。

　企業の組織文化を変える作業（プロセス）は、私達個人の人生脚本を書きかえる、あるいは生活パターンを変更・改善する時と同じと考えると、組織文化を変える作業、組織の変革時には、その組織を構成している関係者一人ひとりの意識改革とそのサポートも同時に考慮し推し進めると、現場でのストレスの軽減になることは明白だと思います。

　そこで、メンタルヘルス・ケアの必要性です。組織の構造や機能に変化が生まれた時に必要なメンタルのケアやサポートとは、個人の（A）への適切な情報・計画の提供と共に、（C）が安心できる保護と許可といえるでしょう。その結果、（P）への新しい価値観を加えることがスムーズに運びます。メンタルヘルスの予防やケアを推し進めるために、ＴＡ組織理論をはじめＴＡ心理学の学びと実践が効果的です。

場面25　オーナーのスクリプトがお店のスタイルを作る

> あるお店のオーナーは、常に従業員を大切にし、ファミリースタイルの経営で、お客様もみんなファミリー！という雰囲気を出すことを『売り』にしています。そして、そんな雰囲気がお客さんの評判となり、来店人数は結構な数字を出していました。
> でも、経営的にゆるいところがあり、月末にはオーナーが支払いに困窮することもありました。オーナーが描く将来像の「複数店舗の経営」には程遠いようです。

☞ 組織文化の分析（104ページ）自我状態機能モデル（187ページ）
スクリプト（197ページ）

　組織文化の分析は、内部関係者（管理者も含む従業員）と外部関係者（取引先等）から情報を集めることから始まります。

　分析の結果、経営難の一因はオーナーがお客様に接する際の「ゆっくり」「ゆったり」「いつでもいいよ」といった経営者が信じる『ファミリースタイル』にありました。つまり、自我状態（NP）が非常に高いオーナーの影響で、スタッフも（NP）が高い仕事ぶりとなりお客様には功を奏していたのですが、営業や利益の確保と関連する（A）が極端に少なく、またスタッフの（A）が育っていないと判明しました。

　なんとこのスタイルは、経営者の家庭の中でも同じとわかりました。お店の運営で四苦八苦しているのもオーナー1人、家ではオーナーであるお父さんの心配を知らずに、家族はゆったり、のんびり過ごしていたそうです。このような小さな組織の場合、その人個人のスクリプトが組織文化に強く反映します。このようなお店の組織文化を検証する時は、オーナーの家庭の様子やシンビオシス、役割等を検証するとより理解が深まるかもしれませんね。（組織文化のいろ

いろ：109ページ）

　組織文化の質問票やインタビューによって得た情報、さらにオーナー個人のスクリプトやゲーム、ライフ・ポジションから得た情報は、問題解決に必要な情報源となります。

　その情報をもって、「さて、これからどうするのか？」をリーダーであるオーナーは考える必要があります。「本当は何を目指しているのか」その組織の存在理由を明確にすることにつながっていきます。

　「何をするための組織ですか？」「何を大切にしていますか？」「ゴールは何？」

　オーナー自身がこれらの質問に応えられるように自分自身の生き方、哲学を明確化することが求められます。それが、お店の今後の展開像に現実味を増すことになると思います。

場面26　塾の生徒と先生のコントラクティング

〔うまくいった例〕

> 生徒：先生、私○○高校に入りたい！　今からどんな勉強したらいい？
> 先生：○○高校に入るなら、今からキッチリ勉強をしていかないと受験もできないかもよ。
> 生徒：え～～～！！！！　どうしたらいいの？
> 先生：じゃ、今から一緒に考えよ。
> 生徒：ハイ！　よろしくお願いします。

☝コントラクト（114ページ）コントラクティング（120ページ）

　ここで、1回目のコントラクトが成立しましたね。

　ここから先生と生徒の間で、どれくらいのペースで勉強をしないといけない

か計画を立て、そのための具体的方法を決めて進めていきました。その時、「△月までクラブを続けたいので塾に来る時間が限られるけれど、クラブを引退したらがんばる」など、生徒から自分の状況や要望なども詳しく先生に伝え、生徒と先生が一緒に計画表を作成しました。

生徒自身から言いだした「〇〇高校に入りたい！」は、まさしく自発的な要望だったので、途中でくじけそうになっても、軌道修正をしながら目標に向かった再コントラクディングを繰り返しました。結果は、見事合格！です。

〔うまくいかない例〕

> 生徒：先生、私〇〇高校に合格したいねん。〇〇高校に行けるかしら？
> 先生：今のままじゃ、受験も難しいかもよ。
> 生徒：え〜〜〜！！！！　どうしたらいいの？　親は「〇〇高校がいい！」って言ってるねん。先生の言う通りにしたら合格する？
> 先生：〇〇高校はご両親が希望する高校なの？　あなた自身はどうなの？
> 生徒：う〜〜〜ん。わからない。でも〇〇高校でもいいかなって思っている。
> 先生：本当に自分自身が行きたい高校を、自分で見つけないとあかんよ！
> 生徒：うんうん、〇〇高校がいいねん。〇〇高校に行く！　受験します！
> 先生：本当に、先生の言う通りに勉強しますか？
> 生徒：します、します。どうぞよろしくお願いします。（ペコリ）

☞ コントラクト（114ページ）コントラクティング（120ページ）
　　組織のシンビオシス（112ページ）

ここでは、コントラクトは成立したようで、結果的には成立していないということが、おわかりいただけるでしょうか？

　生徒自身、自分が入学したい高校というよりは、ご両親の希望をそのまま受け止めてしまい自分の意志のように語っているようです。

　また、先生もこの生徒の言いなりになって、受験勉強の計画表を先生が立てようとしています。「先生の言う通りに勉強しますか」と「します、します。どうぞよろしくお願いします」というやりとりで、2人の間にはシンビオシスの関係が生まれているのが推測できます。

　互いに自分の納得したこと／決めたことではなく、相手の言葉や、相手の都合を過大に取り込んでしまっていたり、相手の代わりに考えたり行動したりしていますね。自律から遠のいています。この状態では、勉強に行き詰まった時に「私が決めたわけじゃないもの！」という言葉で、生徒も先生も投げ出してしまうようなことになりかねません。

　コントラクティングでは、今から手に入れようとしているものは自分が本当に欲しいものであるかどうかがまず問われます。そして自分が手に入れたい事柄を他者に伝えるための自分の表現力も必要です。なぜなら、自分の手に入れたい結果や成果を相手（関係者）に理解してもらい、協力やサポートを得、最終的に一緒に喜び合うことが必要になるからです。時間をかけてもこれらを明確にすることはとても大切です。

　コントラクティングは、ビジネス環境だけのことではなく、教育現場での先生と生徒や保護者間で、進路を決めたりする際に是非活用してもらいたい概念です。

　また、家庭内でも親と子の間でそれぞれが責任を分担し『一緒に協力してやろうね』という体験は大切だと思います。

仕事上でも、何を作りだしたいのか／何をしたいのかという内容をしっかり理解、納得しないまま進めると、後者の例のように不明瞭なコントラクトになることが多く、困難や混乱を招きやすいです。もっとも大事なことは『自分が決める』ということです。誰かの代わりに考えたり行動したりは、うまくいかないということに気づくことです。
『一緒に』が大切なキーワードです。

付録 TA心理学きほんのき

TA心理学とは

　医者であったエリック・バーン（Eric Berne、1910〜1970）は、複雑で表現しにくい私達人間や人間関係を表すのにダイヤグラム化（図式化）することを創案しました。それにより、人間関係や心の状態を簡潔に説明することができたり、それまで理解が難しいとされていた心理学をやさしく理解することができるようになりました。自分自身のこと、他者のこと、また自分と他者との関係を解明するきっかけを見つける具体的な心理学として世の中に広まりました。

　エリック・バーンは、これらTA理論を発表するにあたり、世界各地で実施した多くのリサーチを裏付けにもち、TA（Transactional Analysis）の基礎を築き、彼の没後も多くの人達によって、リサーチと共に、より時代に合った活用できる生きた社会心理学として広く世界で使われています。

　ここで、『ギスギスした人間関係をまーるくする心理学』で紹介した理論からその一部を掲載順に取り上げます。どれもベースとなる理論なので、本書を読む際の参考にしてください。

グランド・ルール

　グランド・ルールとは、参加者やその場にいる関係者を縛りつけたり、不自由にするための決まりごとではなく、限られた時間を有効に、より効果的に活用するためのおすすめルールです。私が行うTAのセッションでは、4つのグランド・ルールをおすすめしています。

積極参加、パスの権利、相互尊重、守秘義務（176ページ参照）

　グランド・ルールによって、参加者は安心して受講することができ、限られた時間をより効果的に過ごせます。

ＴＡの哲学（ＴＡの基本的考え）

　ＴＡ心理学の根底には、次の３つの考えがあります。
①人は誰でもOKである。
　存在に優劣はありません。あなたも私も、重要で尊厳があり、愛し、愛される権利をもっています。
②誰もが考える能力をもつ。
　自分の思いを伝えるのに、うまい・下手はあっても、考える能力はすべての人に存在します。まずは、自分の考えや思いを大切にしましょう。
③自分で自分の運命を決め、その決定を変更することができる。
　Being is choosing!（人生は選択である）今のあなたは、自分で選択してきた結果です。次に何を選択しますか？

自律性

　ＴＡのゴールは、自律性（Autonomy）の獲得です。自律とは自分らしく生きると理解してもいいでしょう。自律に向かうプロセスには３つのステップがあります。
①気づき……自分・他者・状況に気づく。
②自発性……自分で選ぶ。
③親密性……ホッとする、何でも言い合える、また会いたいと思える仲間がいる。

　３つのステップで、あなたが求める幸せを手に入れ、自分らしく生きるようになることがＴＡのゴールです。

自我状態構造モデル

自我状態構造モデルとは、人がどのような構造（仕組み）になっているかを示す理論です。自我状態の構造を分析する際に自我状態構造モデル（下図）を活用します。ＴＡの基礎になる理論のひとつで、それぞれのパーソナリティーを表現できます。本書では(P)(A)(C)と表記しています。

Parent（親）：親や親的役割の人をコピーした思考・感情・行動
Adult（成人）：今、ここでの直接の反応としての思考・感情・行動
Child（こども）：こども時代の記憶の反復としての思考・感情・行動

自我状態機能モデル

私達がどう機能しているかを検討したり、外から見てどう見えるのかを表す時に使えるのが自我状態機能モデルです。下は自我状態機能モデルのダイヤグラムです。

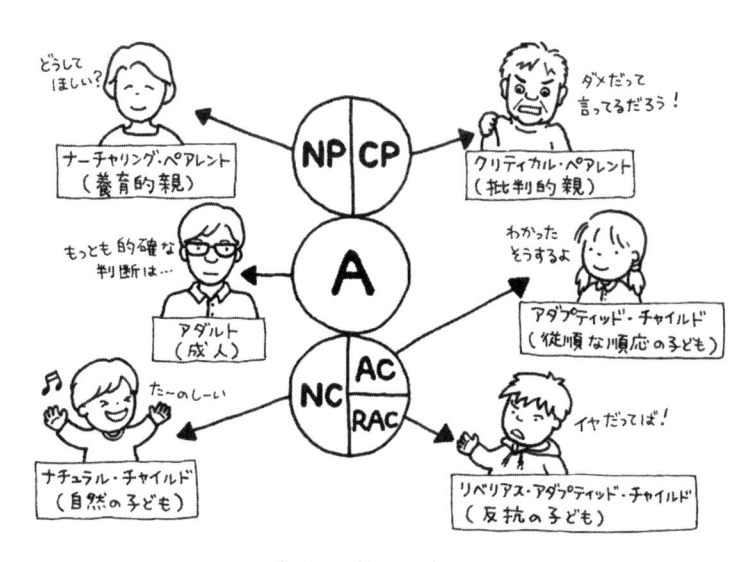

どうしてほしい？
ナーチャリング・ペアレント（養育的親）

ダメだって言ってるだろう！
クリティカル・ペアレント（批判的親）

もっとも的確な判断は…
アダルト（成人）

わかったそうするよ
アダプティッド・チャイルド（従順な順応の子ども）

たーのしーい
ナチュラル・チャイルド（自然の子ども）

イヤだってば！
リベリアス・アダプティッド・チャイルド（反抗の子ども）

自我状態機能モデル

ダイヤグラムが示す6つのパーソナリティーは、観察や情報収集によって分析・診断できます。

自我状態の4つの識別方法

- **行動的診断**：言葉、声音、ジェスチャー、姿勢、顔の表情による診断法。
- **社交的診断**：相手の反応を観て、自分がどの自我状態から刺激を発信しているかを診断する方法。
- **生育歴診断**：当人に親や親的役割をした人達について質問して、機能モデルや構造モデルを再検討する方法。
- **現象的診断**：今ここでの体験が引き金となって、過去の出来事を当時の自我状態そのままで再体験することがあります。それを糸口に識別する方法。

エゴグラム

【エゴグラム】とは、自我状態機能モデルの各部分それぞれが、外部へ発散する（心理的）エネルギーの量を相対的に棒グラフで表したものです。

- **エゴグラムの描き方**
  ①横棒を引き、左から右へ自我状態機能モデルの5つをCP、NP、A、NC、ACの順で記入する。
  ②1番多く表出していると思われる自我状態を棒グラフで記入。
  ③1番少なく表出している自我状態を記入。
  ④3番目からは、2本の棒グラフの相対的な高さを基準に、同じく直感的に記入。

> すべて ちがう高さになるよう、順位をつけます。自我状態が一番高いものと一番低いものを先に決めるとやりやすいでしょう。

189

描き方の例

朋子先生に描いてもらった本書のイラスト担当・浦谷のエゴグラムは…

「ちょっと やってみましょうね。こんな感じかな」

サラサラ

おそるべしエゴグラム＆朋子先生！

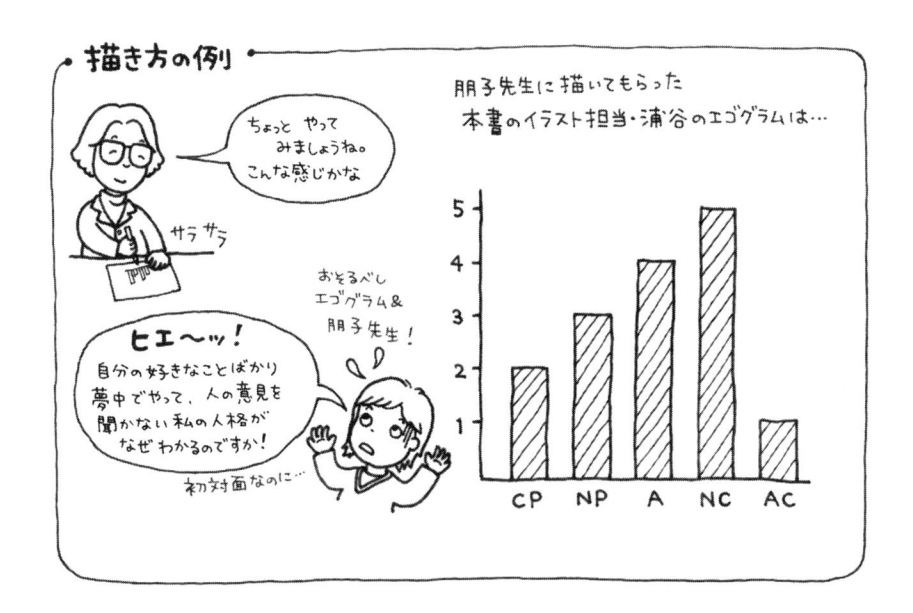

「ヒエ〜ッ！自分の好きなことばかり夢中でやって、人の意見を聞かない私の人格がなぜわかるのですか！」

初対面なのに…

（グラフ：CP=2、NP=3、A=4、NC=5、AC=1）

やりとり分析

　人との会話の際にどの自我状態が実際に機能しているのかを見極めるのが【やりとり分析】です。2人でする会話を、ＴＡの自我状態モデルを使って表します。

　一方の人から発信されたものを【刺激】（Stimulus：S）と呼び、それへの応答を【反応】（Response：R）と呼びます。この刺激と反応の1セットがやりとりの一単位（右図）です。やりとり分析を行う時は、必ずこの1セットごとに注目します。

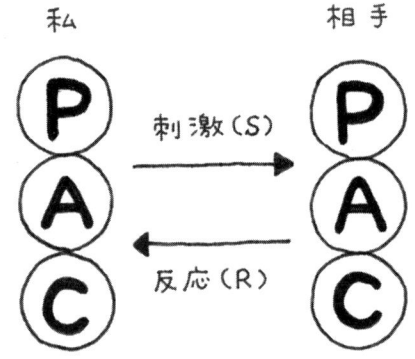

私　　　　相手
P　刺激（S）→　P
A　　　　　　　A
C　←反応（R）　C

やりとりの一単位

相補交流　2人の間のやりとりの矢印（ベクトル）が平行になるやりとり。

相補交流（平行交流）

交差交流　2人の間のやりとりの矢印（ベクトル）が交差するやりとり。

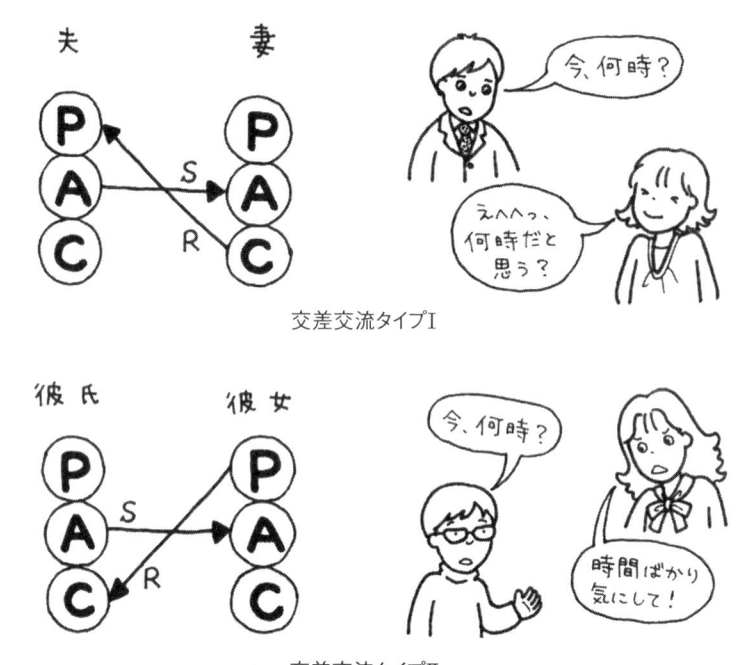

交差交流タイプⅠ

交差交流タイプⅡ

付録　ＴＡ心理学きほんのき

裏面交流　2人の間のやりとりの矢印（ベクトル）が、社交レベルと心理レベルの2種類のメッセージが存在し、同時に発せられるやりとり。

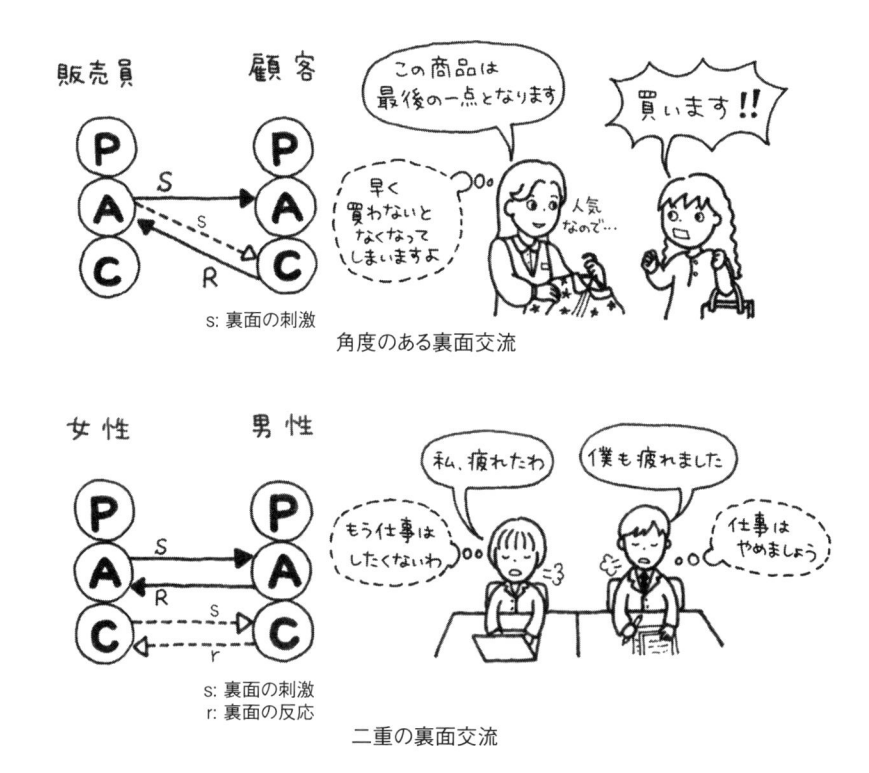

角度のある裏面交流

二重の裏面交流

〈こんな時に使える！〉「あれっ!?　なんか会話がうまくいってないぞ！」と、やりとりに違和感を覚えた時、この理論で分析すると問題点を把握でき、やりとりを改善できます。

ストローク

　ストロークとは、人が生存するために不可欠なものといわれています。エリック・バーンは、「**個人の精神衛生を維持するためには、絶え間ない感覚刺激が必要である**」と述べ、その刺激のことを【**ストローク**】と名づけました。ストロークには、言語・非言語、肯定的・否定的、条件付き・無条件があり、ストロークされた行動は強化されます。ストロークの授受のパターンは、幼い頃の体験が大きく関わり、ストローク不足は、心身の不調を生みます。

ストローク表

	肯定的	否定的
条件付き	●上手にお絵かきできたね。 ●頑張っているね。 ●静かにしてくれてありがとう。 ●目標を達成すれば、お祝いだ。 ●マッサージをしてくれて助かった。 ●ほめる。励ます。	●……はしてはいけません。 ●遅い！　グズ！ ●勉強しない子はダメ。 ●ウソはダメです。 ●人のものを勝手にとってはダメ。 ●叱る。ケンカ。 ●へたくそ！
無条件	●おはよう。（挨拶） ●一緒に遊ぶ。一緒にいる。 ●好き。かわいい。微笑む。 ●うなずく。お話を聴く。 ●目線を合わせる。 　世話をする。 ●食事の準備をする。 　気にかける。 ●何があっても君を守るよ。 ●結婚。抱っこ。キス。	●嫌い。どこかへ行け。 ●悪口や皮肉をいう。 ●知らん。うちの子と違う。 ●勝手にしなさい。 ●産まなきゃよかった。 ●死んでしまえ。 ●つねる。たたく。無視。 ●食事を与えない。 ●世話をしない。 ●挨拶／返事をしない。 ●あざ笑う。 ●お前は何時もダメだ。 ●お前にはとりえがない。

注意：同じ内容でも、受け手が嫌だ、あるいは痛いと感じるとストロークは『否定的』となります。
　　　あまり、上記の分類に縛られないようにしてください。

〈こんな時に使える!〉情緒不安定や人間関係の歪み、モチベーションの低下におちいっている時、ストロークの質や量を確認することで、本来の元気やパワーを取り戻すことが可能になります。

人生の立場

　エリック・バーンは、幼い頃（3～7歳頃）に、それからの人生を過ごす自分と周囲の人達、世間との関係やポジションについて、ある種の確信をもつといっています。その確信を【人生の立場】（ライフ・ポジション）といいます。

各ライフ・ポジション（人生の立場）のキーワード

①私はOKである、あなたはOKである……I'm OK–You're OK
②私はOKでない、あなたはOKである……I'm Not-OK–You're OK

③私はOKである、あなたはOKでない……I'm OK–You're Not-OK
④私はOKでない、あなたはOKでない……I'm Not-OK–You're Not-OK

〈こんな時に使える！〉ある出来事に対する反応が人によって異なることや、自分がストレスを感じている時の反応がパターン化していることに気づくことができます。またその時のライフ・ポジションに当てはめてみると理解できますよ。

OK牧場

私達一人ひとりは、4つの人生の立場のひとつを基礎に置いて、自分や他者、世間に対してひずんだ見方をしながら、成人期に達します。しかし、その基礎となるひとつの人生の立場に24時間留まっているわけではありません。

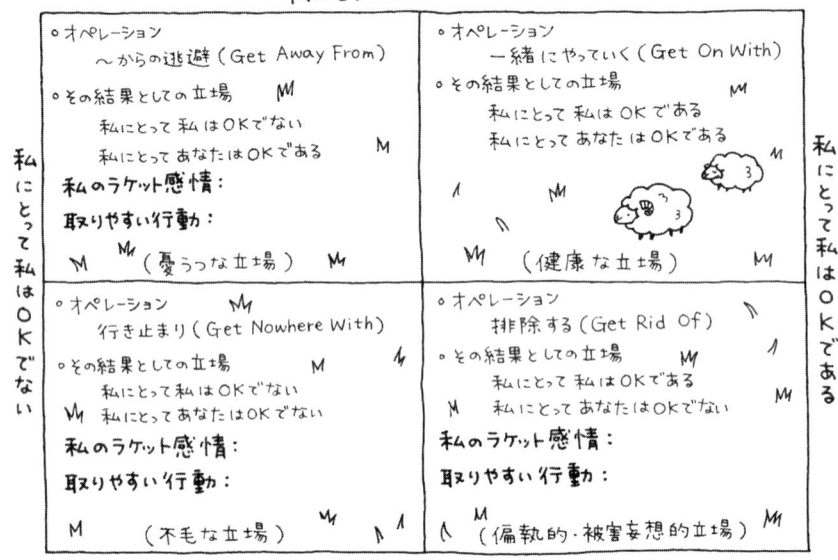

	私にとって あなたはOKである
私にとって私はOKでない	○オペレーション　〜からの逃避（Get Away From） ○その結果としての立場 　私にとって 私はOKでない 　私にとって あなたはOKである 私のラケット感情： 取りやすい行動： （憂うつな立場）	○オペレーション　一緒にやっていく（Get On With） ○その結果としての立場 　私にとって 私はOKである 　私にとって あなたはOKである （健康な立場）
	○オペレーション　行き止まり（Get Nowhere With） ○その結果としての立場 　私にとって 私はOKでない 　私にとって あなたはOKでない 私のラケット感情： 取りやすい行動： （不毛な立場）	○オペレーション　排除する（Get Rid Of） ○その結果としての立場 　私にとって 私はOKである 　私にとって あなたはOKでない 私のラケット感情： 取りやすい行動： （偏執的・被害妄想的立場）
	私にとって あなたはOKでない	私にとって私はOKである

OK牧場

私達は刻々と人生の立場を移行しています。それを分析する方法をフランクリン・アーンスト（Franklin Ernst）博士が案出し、【OK 牧場】と呼んでいます。

〈こんな時に使える！〉このダイヤグラムは、うまくいっていない時「今どのライフ・ポジションにいるのかしら？」と問いかけ、I'm OK–You're OKのポジションに戻るきっかけに役立ちます。

ラケット感情

　私達が普段表している感情についてのお話です。
　私達一人ひとりは、幼児期から就学前頃までに、学び決断した【お気に入りの感情】というものをもっています。日常の中で何かストレスがあると、他の感情表現があるにも関わらず、常にその決断したお気に入りの感情を選び、表出してしまっていると、いわれています。それらお気に入りの感情は、成人の問題解決には不適切な感情です。

〈こんな時に使える！〉自分の「お気に入りの感情」の存在を知ることでコントロールできるようになり、嫌な気持ちになる時間を少なくすることができます。

ゲーム（本書では「心理的ゲーム」と表現しています）

　日常生活の中で、いつの間にか始まるうまくいかないやりとりを何度も繰り返し、常に嫌な気持ちになることがあります。多くは、いつも同じ相手であったり、相手は変わっても内容はよく似たものであったりします。
　エリック・バーンは、それを【ゲーム】あるいは【心理的ゲーム】と名づけ、この嫌なやりとりの構造を見つけて、それを分析し、回避する方法を示しています。

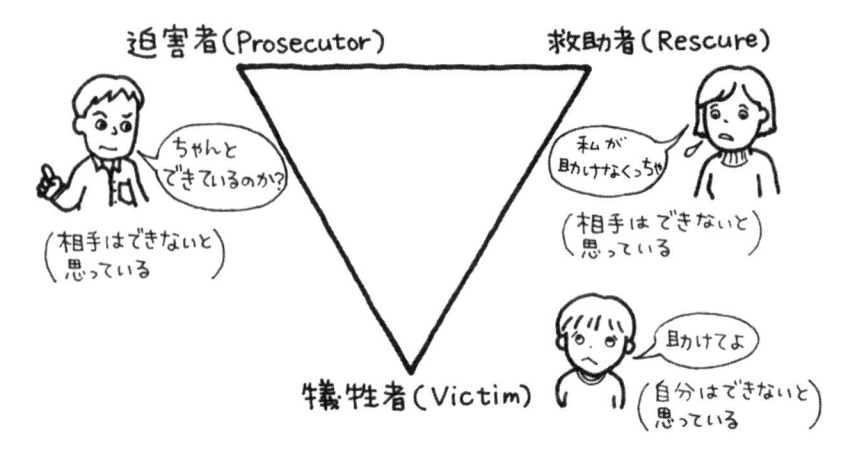

迫害者(Prosecutor) ちゃんとできているのか？ （相手はできないと思っている）

救助者(Rescure) 私が助けなくっちゃ （相手はできないと思っている）

犠牲者(Victim) 助けてよ （自分はできないと思っている）

ドラマ・トライアングル（ドラマの三角形）

〈こんな時に使える！〉ゲームの心理的なからくりを知ることで、ゲームの回避に役立てます。

時間の構造化

人と関わる際、そのグループ（2人あるいはそれ以上の人達）での行動には6つの異なる方法があり、エリック・バーンはそれらを【時間の構造化】理論として発表しています。それら6つの段階には、ストロークの内容や濃さ、授受の際のリスク等が深く関係しています。

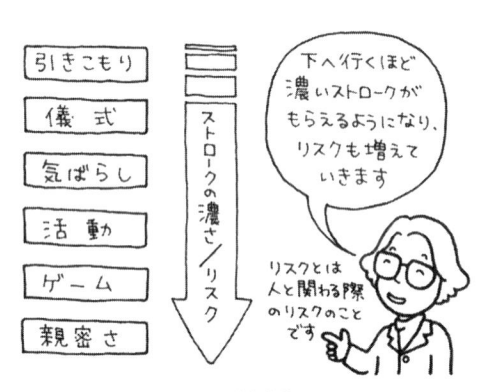

引きこもり / 儀式 / 気ばらし / 活動 / ゲーム / 親密さ

ストロークの濃さ／リスク

下へ行くほど濃いストロークがもらえるようになり、リスクも増えていきます

リスクとは人と関わる際のリスクのことです

時間の構造化

付録　TA心理学きほんのき

- **引きこもり**：物理的、身体的にはその場に存在しますが、周囲との関係性を絶っている状態。
- **儀式**：予測可能な言葉が返ってくるお決まりの社交的なやりとり。
- **気ばらし**：すでに終わってしまっている事柄についての情報交換の場面。
- **活動**：何らかの目標を達成するためにエネルギーを費やしている状況。
- **ゲーム**：195ページ参照。
- **親密さ**：好きなものは「好き」、嫌いなものは「嫌い」と、互いに真の気持ちを表現できる段階。I'm OK–You're OK の立場。

〈こんな時に使える！〉自分と人との関わりのパターンを知ることで、ストロークの量や質を知ることができます。

スクリプト（人生脚本）

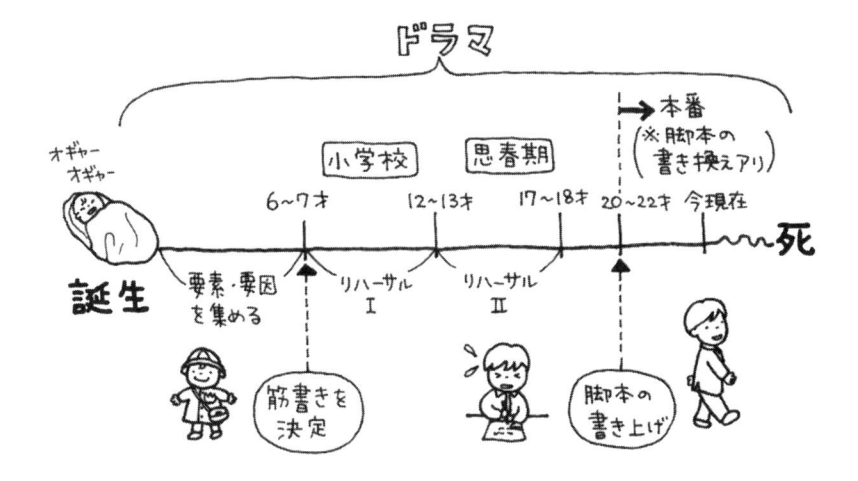

（図：誕生（オギャーオギャー）から死までの人生の流れ。ドラマ。6〜7才 小学校（要素・要因を集める、筋書きを決定）、12〜13才 リハーサルⅠ、17〜18才 思春期 リハーサルⅡ、20〜22才 脚本の書き上げ、今現在 →本番 ※脚本の書き換えアリ）

生まれてから死ぬまでの私達の人生をひとつのドラマとして捉えた場合、そこに脚本が存在してもおかしくないという考え方で、その脚本のことを【ライフ・スクリプト】（人生脚本）と呼んでいます。【人生脚本】は無意識の人生計画である、とバーンは定義しています。

〈こんな時に使える！〉大人になってからの生活パターンの起源や原因を知ることができます。また、この理論を通して自分では気づいていない人生計画を発見することもできます。

スクリプト・マトリックス

子どもが両親や親的役割の人達から、どのようにメッセージを受け取っているかをダイヤグラムで表したものを、【スクリプト・マトリックス】といいます。

いくつかのスクリプト・マトリックスがＴＡ理論にありますが、下のダイヤグラムは、スタンレー・ウーラムズ（Stanly Woollams）博士のスクリプト・マトリックスです。

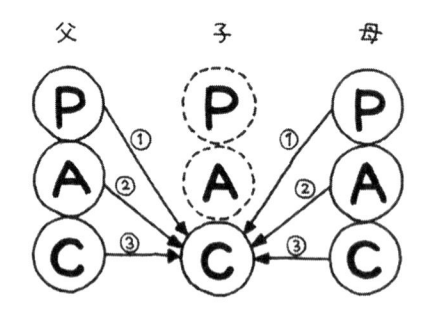

スクリプト・マトリックス　（スタンレー・ウーラムズの図）

①は、拮抗禁止令
親の【P】から子どもの【C】へ言語でメッセージを伝えます。

②は、プログラム
親の【A】から子どもの【C】へ手段・方法が伝えられます。

③は、禁止令および許可
親の【C】から子どもの【C】へ伝わる非言語のメッセージです。

父　　　　　子　　　　　母

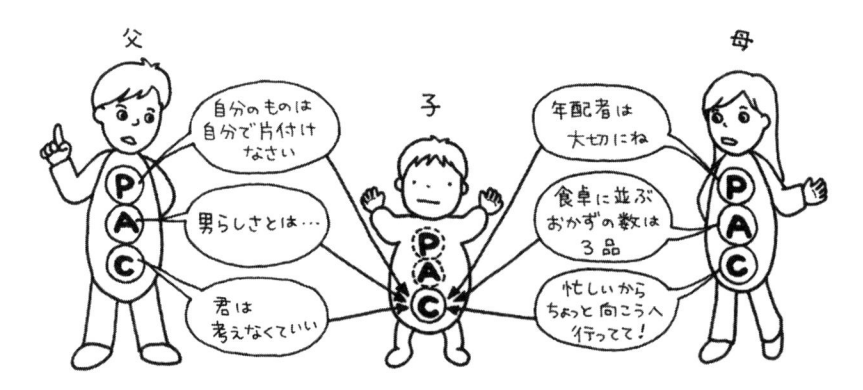

自分のものは自分で片付けなさい

男らしさとは…

君は考えなくていい

年配者は大切にね

食卓に並ぶおかずの数は3品

忙しいからちょっと向こうへ行ってて！

〈こんな時に使える！〉大人になってからの生活パターンや、日常の様々な出来事の中で無意識的、自動的、反射的に反応してしまうパターンをそれぞれ特有なものとして存在することが理解できます。自分や他者の反応の違いを理解できます。

ドライバー

【ドライバー】は、人生脚本の一部で、両親からの「言語で伝えられたメッセージ」です。私達が何らかのストレス状況下で脚本化された行動に入る直前に見せる、一定の特別な一組の行動をいいます。

ドライバー（右はドライバーを言い換えた例）
①**完全であれ**……………きちんと・ちゃんと
②**努力せよ**………………一生懸命・がんばる
③**人を喜ばせよ**…………人の反応（ウケ）が気になる
④**強くあれ**………………我慢・ポーカーフェイス
⑤**急げ**……………………さっさと・早く

〈こんな時に使える！〉自分のドライバーを知っておくと、ストレスがかかった時

の空回りに気づき、自分らしさを取り戻すことができます。

5つの許可するもの

ドライバーと許可するもの
① 完全であれ ………… **今のあなたで十分いいよ**
② 人を喜ばせよ ………… **自分を喜ばせてもいいよ**
③ 強くあれ ………… **オープンであり自分の欲求を表現しよう**
④ 努力せよ ………… **できるところからやり始めよう**
⑤ 急げ ………… **十分時間をとってもいいよ**

〈こんな時に使える！〉ドライバーのパワーをゆるめる手段です。自分に合う言葉を作ることもできます。この「魔法の杖」（許可するもの）を自分で唱えたり人に言ってもらうことで、ドライバーのパワーがゆるまります。

あとがき

　本書の出版は、ある参加者のひと言から始まりました。「ＴＡ組織理論っておもしろいですね。わが社で活用してみます」　それは、ＴＡアドバンス・コースの最終日にお伝えしている『ＴＡ組織理論』を受講された複数の会社や組織を経営されている方の一言でした。

　私の中ではちょうど、「ＴＡ組織理論を広めたい。もっと、身近なもの、実践できるものとして使って欲しい」という想いが高まっていたところでした。その後の彼の社内での実践と、2013年のITAA 国際大会での発表が、私にとってとても温かく力強いモチベーションになりました。書き始めたのが２０１２年２月、そこから２年と５カ月の年月を経ました。そして今、出版の運びになり、とっても嬉しく思っています。

　執筆中、ＴＡの専門家ではないのですが、原稿の相談に乗ってくださったある方が、ふっと言ってくださった言葉があります。
「今まで『組織』のイメージといえば、その会社の建物や店全体の雰囲気、商品といったどちらかというと無機質な感じでしたが、原稿を読んでいると組織は『人の集まり』『それぞれの考えや行動、気持ちの集まり』『人と人との関わり』さらに『自分自身』と感じるようになって、今までにない感覚で会社が身近なものに見えてきました。『人が変わると組織が変わる』という意味が、今ではとてもしっくりしています」

　この言葉を聞いた時が、私の原稿が最終的にできあがってきた頃と合致し

ました。

　『病んでいる組織』、『より健全な組織』に興味・関心のある方の1人でも多くの方が、本を読み進むにつれて、「あの人に尋ねてみよう」「あの人の気持ちを聞いてみよう」「あの人に相談してみよう」「あの人をサポートしてみよう」と思ったり、「助けを求めてみよう」「自分の考えや気持ちを伝えてみよう」といった発想が生まれ、新しい行動に移してくださるきっかけになったなら、とても嬉しいです。

　当たり前のことですが、組織は『人』でできあがっています。そして、私達一人ひとりが大きな影響力をもっています。

　私達一人ひとりの新たな発想とチャレンジ力が組織を変えるのです。

　組織の中の自分自身を見つめる時、『自分はいったい何を求めているのか』という問いかけは、組織の経営陣だけではなく、組織の一員である自分自身にとっても、とても重要な問いかけです。それを再確認するＴＡ組織理論でもあります。

　私は、常々『私達は皆、幸せになるために生まれてきています』とお伝えしています。それぞれの『幸せ』を具現化する場が、家庭であり、職場や組織だと思っています。それを改めて考えるきっかけになると嬉しいです。そこからまた、ＴＡ心理学への興味が深まることを楽しみにしています。

あとがき

執筆のきっかけを作ってくださった秦野一憲さん、執筆中励ましやご協力くださった皆さん、そして私の一番身近な組織である家族に、改めて感謝します。ありがとうございました。

あべともこ（安部朋子）

あべともこ主催のセミナー

ＴＡカルチベート・セミナー：ＴＡ心理学を60時間以上学ばれた方対象。
ＴＡ理論を深め、それらの使い方を研磨、洗練するセミナーです。
https://www.facebook.com/groups/179894355540416/

ＴＡハッピーカード・ワークショップ：私達の『自律性』をサポートするＴＡハッピーメッセージのワークショップです。
http://www.pro-con.jp/happy.html

参考文献

国際TA協会の有資格者達が書いた参考／引用文献及び、翻訳著書リストです。
中には絶版になっているものもありますが、古本屋さんで見つけることもあるので含めてあります。

Berne, E. (1963). The Structure & Dynamics of Organizations & Groups. New York: Grove Press.
Berne, E. (1964). Games people play: The psychology of human relationships：New York: Grove Press.
Berne, E. (1972). What do you say after you say hello?: The psychology of human destiny: New York: Grove Press.
Berne, E. (1961). Transactional Analysis in Psychotherapy: A systematic individual and social psychiatry. New York: Grove Press.
Clarke, J.L. (1980). Who, me lead a group? Seattle, WA: Parenting Press.
Clarke, J. I. (1981). Differences between special fields and clinical groups. Transactional Analysis Journal, 11, 169-170
Clarke, J.I. (1996). The synergistic use of five transactional analysis concept by educators. Transactional Analysis Journal, 26, 214-219
Crossman, P. (1966). Permission & Protection, Transactional Analysis Bulletin, 5(19), 152-154
English, F. (1975). I'm OK-You're OK. Transactional Analysis Journal, 5, 416-419
English, F. (1975). The three-cornered contract. Transactional Analysis Journal, 5, 383-384
James, M., & Jongward, D. (1971) Born to win: Transactional Analysis with gestalt experiments, Reading, MA: Addison-Wesley.
Levin-Landheer, P. (1982). The cycle of development. Transactional Analysis Journal, 12, 129-139.
Knowles, M. S. (1988). The modern practice of adult education. From pedagogy to andragogy. MA: Cambridge Book Company.
Mello, K., & Scheff, E. (1975). Discounting. Transactional Analysis Journal, 5, 300-301
Schiff, A. W., & Schiff, J.L. (1971). Passivity. Transactional Analysis Journal, 1(1), 71-78
Stewart, I., & Joines, V. (1987). TA Today: A new introduction to transactional analysis. Nottingham, England, and Chapel Hill, NC: Lifespace Publishing.
Stewart, I. (1989). Transactional Analysis counseling in action. London,

Sage Publications.
Woollams, S., Brown, M., & Huige, K. (1974) Transactional Analysis in Breif: Ann Arbor: Huron Valley Institute.

E. バーン（1964）『人生ゲーム入門』河出書房新社
E. バーン（1970）『性と愛の交流分析』金子書房
ジョン・M. デュセイ（1977）『エゴグラム』創元社
M. グールディング & B. グールディング（1979）『自己実現への再決断』星和書店
トーマス・ハリス（1968）『幸福になる関係、崩れてゆく関係』同文書院
D. ジョングワード、M. ジェイムズ（1976）『自己実現への道』社会思想社
M. ジェイムズ（1979）『結婚における自己実現への道』社会思想社
M. ジェイムズ（1984）『突破への道』社会思想社
イアン・スチュアート（1989）『交流分析のカウンセリング—対人関係の心理学』川島書店
イアン・スチュアート、ヴァン・ジョインズ（1991）『ＴＡＴＯＤＡＹ』実務教育出版
ヴァン・ジョインズ、イアン・スチュアート（2002）『交流分析による人格適応論』誠信書房
ヘレナ・ハーガデン、シャーロット・シルズ（2007）『交流分析－心理療法における関係性の視点』日本評論社
安部朋子（2008）『ギスギスした人間関係をまーるくする心理学』西日本出版社
安部朋子（2010）『ぎゅ〜っと抱きしめ子育て法』西日本出版社

エリック・バーンの
TA組織論
リーダーを育てる心理学

2014年8月28日初版第1刷発行

著者	安部朋子
発行者	内山正之
発行所	株式会社西日本出版社
	〒564-0044
	大阪府吹田市南金田 1-8-25-402
	営業・受注センター
	〒564-0044
	大阪府吹田市南金田 1-11-11-202
	TEL 06-6338-3078　FAX 06-6310-7057
	ホームページ　http://www.jimotonohon.com/
	郵便振替口座番号 00980-4-181121
編集	親谷和枝
ブックデザイン	中瀬理恵（鷺草デザイン事務所）＋東 浩美
イラスト	浦谷さおり
印刷・製本	株式会社シナノパブリッシングプレス

Ⓒ 2014　Abe Tomoko　Printed in japan
ISBN978-4-901908-81-8 C0011

定価はカバーに表示してあります。
乱丁落丁は、お買い求めの書店名を明記の上、
小社受注センター宛にお送り下さい。
送料小社負担でお取り替えさせていただきます。

安部朋子の本

全国大型・有名書店にて絶賛発売中！

本書を読んで、ちょっと難しいなと感じたら、読んでみて下さい。ここから読むと、とっても面白く理解できます。

ギスギスした人間関係をまーるくする心理学
〜エリック・バーンのTA〜

ビジネス現場でも、学校でも、家庭でも、楽しく過ごせるようにするための本です。

最近、ギスギス、ガツガツしていませんか？

著者／安部朋子　TA教育研究所理事長

本体価格／1500円
判型／A5判並製カバー装　227P
ISBN978-4-901908-36-8

基本的な考え方
❶ 人は誰でもOKである。
❷ 誰もが考える能力を持つ。
❸ 自分が自分の運命を決め、その決定を変更することができる。

本書を読んで欲しい人

- 産業カウンセラーやキャリアカウンセラーを目指す人。
- 会社や友人との人間関係に悩んでいる人。
- ギスギスした自分に嫌気がさす人。
- 仲良くしたいのに、同じようなロゲンカを繰り返してしまう人。
- あの人は苦手、と感じたら避けてしまう人。
- 前向きに生きたいと思っているのになれない人。

エリック・バーンのTAとは

TAは「自己成長と自己変容のための心理療法の体系」として、アメリカで生まれました。日本ではジャパン・テイストに風味づけされた「交流分析」として有名ですが、本書は、TAの生みの親エリック・バーンの理論に基づいて書かれた、元祖TA本です。

お問い合わせ、ご注文は　株式会社西日本出版社